生活勵志 071

把壞日子過成好日子

何權峰 著

高寶書版集團

序

回歸原本沒有煩惱的那顆心

在讀本書之前，我們來做個小測驗，不管是在腦海裡想或寫在紙上都行：「假如……我就可以開始過好日子。」接著想像一個你期待的夢想，可能是通過考試、獲得職位升遷、找到另一半、孩子畢業就業、中樂透彩券等等。接下來我想問的是，如果答案上的事沒實現，是否就無法過好日子？

或者，你確定填寫的那個答案，真的能讓你過好日子？

大多數人對生活的期待，總脫離不了根深柢固的觀念，以為必須等到有什麼「特別值得高興」的事發生。比方，完成一項心願，累積一定的財富，到達某個里程碑，得到想要的東西……。日子總是一等再等，因為當我們得到了，又會有新的目標、新的願望。

有人以為，只要事情到一段落，只要脫離了某個困境，度過某個難關，熬過某個階段，就能過好日子。但我們隨即發現，事情和想像中完全不一樣，有做不完的工作、拋不開的人情、未還清的貸款……。出乎意料地，才解決完這個問題，又有別的問題。事情永遠沒完沒了！

這就是為什麼塞內卡說：「當我們等著要去生活的時候，生命已經過去了」。

人生總是美好中帶有缺憾，晴時多雲偶陣雨，並沒有一個特定的時間或地點能讓人「過好日子」，那只是頭腦製造出來的幻想。這世上也沒有一個人事物是設計好來「符合我們的需求」、「討我們歡喜的」，那些想法和期待反而是我們日子過不好的起源。

禪語說得好：「日日是好日」。之所以日日都是好日子的意思，不是要我們等到「某一天」，而是「過好每一天」。

雨天聽雨，下雪觀雪，夏天感受炎熱，冬天領略寒風刺骨，無論是什麼樣的日子，都盡情體會。因為很快的，每個季節，每一天，都將成為過去。

有什麼樣的境遇，就活在那樣的境遇。有風霜雪雨的摧殘，也有鳥語花香的怡然，有成功的欣喜，有失敗的落寞，當你了解到體驗本身即是人生時，萬事萬物將都是美好的經歷。路過的皆是風景，走過的都是無可取代的回憶。

接受好運與不幸、順境與困頓，苦樂都在轉念間。全然感受每一個當下，細細品嚐生活中的點滴，你會發現幸福就在眼前。

你原本就是美好的，煩惱是後來才有的。回歸內在本質，就是回到沒有煩惱以前的那顆心。只要你願意，每天都可以有愉悅的好心情。

目錄

序　回歸原本沒有煩惱的那顆心　002

1 心靈的本質

所有不滿都來自內心，所有滿足也源自內心。
比了解世界更重要的，是了解人心。
比改變世界更重要的，是改變自己的心。

每一種經驗，都是我們自己製造出來的　012
這個世界就是我們所想的那樣　018
在各種看法中，最重要的是你對自己的看法　025
你聽到的話當中，最具影響力的是對自己說的話　031
自己想要什麼，只有自己最清楚　037
人不快樂，是忘了自己本來的快樂　043
擁有幸福的方法，就是感受幸福　049

2

思想的本質

假如你因某些事物而煩惱，其實並不是那些事物在煩擾你，
而是你對它的想法讓你苦惱。
負面情緒是來自負面的思想。

所有的「客觀」，都是出自我們的「主觀」 056
你的感覺也是自己「想出來」的 063
你所注意的事，將變成你認為的真相 070
靜下來，一切都會好起來 077
只要動機純正，你就不可能做錯 084
對「理所當然」的事心存感恩 090

目錄

3 關係的本質

關係是一面鏡子，
透過別人，你才能認識真正的自己。
美好關係，不在於雙方有多麼合得來，
而是你們如何接納彼此間不合之處。

你是怎樣的人，決定你如何看待人 098
讓你受傷的事，都會讓你更了解自己 104
你要感謝這面鏡子，不是去責怪 110
我們愛上的，是自己的「想像」 116
你因愛而受苦，是你偏離了愛的本質 123
你愛的，是自己在愛裡的樣子 130

4

生活的本質

生活中所有的美好都不是看到或聽到，而是感受到。
活在當下，全心全意感受生活的點點滴滴。
正因為這些無可取代的經驗，造就獨一無二的你。

人在心不在，所以無法享受生活 138
全然的處在當下，快樂不請自來 145
你不知道自己擁有什麼，直到你失去了它 152
人生沒有如果，生命無法重來 159
唯有從體驗中來的，才真正屬於你 165
正面看待改變，就會發現不一樣的人生 173

目錄

5 生命的本質

不做判斷，也不要抗拒。
因為你不知事情為何發生，也不知它會帶來什麼結果。
信任上天的安排，相信一切都在成就你的生命。
相信每件事會在最好的時候，以最好的方式來到。

無常即平常，接受自然的本質 180
不要煩惱自己無法掌控的事 186
人生不公平，但生活是公平的 192
努力可以努力的，結果就交給上天安排 199
不要評斷，因為我們不曉得 207
放下期待，就沒有失望與痛苦 214
延伸閱讀 221

Part 1

心靈的本質

所有不滿都來自內心，所有滿足也源自內心。
比了解世界更重要的，是了解人心。
比改變世界更重要的，是改變自己的心。

每一種經驗，都是我們自己製造出來的

生命中的任何經驗，都是我們心靈活動的產物。不管你是一早醒來心情鬱悶，認為整個世界都是黑暗絕望；或者一早起來的心情開朗，覺得世界光明美好，會產生這些不同的感受都是受到內心想法的影響，而不是外在環境的改變。

如果我們的心被煩惱包圍了，不管物質環境是多麼富裕，依舊心煩；不管感官上的滿足有多少，還是不快樂。我們都知道，如果突然聽到家人生病的消息，就算出國旅遊住五星飯店也會如坐針氈忐忑不安。

但是如果知道孩子考上夢想中的學校，就算在家徒四壁的房間裡也會歡欣鼓舞。

我們滿心歡喜時，觸目所見都是愉悅的人，開心的事；當心情不好時，環繞不去的都是厭惡的人，煩惱的事。覺得孤獨時，一個人獨處時孤寂，在人群中也孤寂；滿懷憤怒時，身邊的每一件事物都是錯的，連芝麻小事都會惹火你。

你的心靈狀態決定你的生活狀態

禪宗裡有這樣一句話：「牛飲水成乳，蛇飲水成毒」，喝下的水都一樣，但牛喝下後會變成乳汁，蛇喝下則會成為劇毒。不是水有問題，而是兩者的轉化不同。

你可能會為了一句不中聽的話而感到不開心。其實，同樣的語言，如果你心情好時，也許會一笑置之。給快樂的人講笑話，他會開懷大笑，給心裡難過的人講笑話，他會厭惡反感。同樣一句話，在不同時間講給同一個人聽，聽的人也會因為心情不同，會有不同的反應，關鍵在每個人的「內心」。

有時候，節日會充滿歡慶；有時候，節日卻是難熬又寂寞。有的時候，只要一個雨過天晴，就會讓人開心一整天；有的時候，就算艷陽高照，也趕不走當下的壞心情。

所以，每當聽到有人抱怨自己的生活不如意，我總是給同樣的忠告：「隨時注意自己的內在」。你對生活不滿、你經驗到痛苦，那個不滿和痛苦是在你內在；而後你覺得美好，經驗到快樂，那也是你的心靈狀態。每一種經驗，都是我們自己製造出來的。心歡喜時，就過得愉悅；充滿怨恨，就活在怨恨之中。想改變生活，先改變自己的內心。

心裡沒有春天，百花齊放也感受不到春天的氣息

你是否注意到，度假時你會對人熱情許多？你對人微笑，你變得比較有耐心，比較隨和；整個人變得輕盈自在，那跟平日的你是全然不同的。也許你會說，「那是因為休假開心，因為風景美麗宜人，」這只是表面的解釋。因為並非所有休假或住在風景區的人都一樣快樂熱情，對嗎？

你的心靈狀態決定了你所看到的世界。不管日出在你看來是如此美好、夜空是如此陰鬱、衝向你的海浪是如此壯觀，都是你內在心境的投射，一個金色落日不會讓你充滿感激，一個夕陽餘暉不會令人感傷，是

你內心讓你如此。當你將自己心境錯當成你所體驗到的處境，你就錯失了關鍵點。

想想，在「淡水河邊哭泣」和在「在萊茵河畔哭泣」，這兩者有什麼不同？

快樂不是靠著換新的房子、新工作、新髮型、新車，或是出國旅遊得來的，真正能讓你快樂的是你的內心。當你洋溢著歡喜，就算人沒去度假，一樣可以擁有度假般的好心情。用心感受世界的美好，一枝桃花，便帶來了整個春天；若心裡沒有春天，百花齊放，你也感受不到春天的氣息。

我們應該養成自我觀察的習慣，經常問自己：「我此刻開心嗎？心情平靜嗎？」或問：「此刻我的內在發生了什麼？」在問自己這些問題之後，別急著馬上回答。首先關注你的內在，你內心正在想什麼？你有什麼感覺？

選擇「感覺」為觀照的對象，原因是感覺會反應出當下的心理狀態。每個想法、情緒、內心的變化，身體都會伴隨著一種相應的感受出現。因此，藉著觀察自己內心的變化，就會明白外在發生的所有狀況。

這個世界就是我們所想的那樣

當我們想到檸檬時，我們想像的檸檬並不等於真正的檸檬。然而，如果我們在腦海中浮現它的模樣，我們就會開始流口水，就好像真的吃到一樣，因為它會促使我們再次經驗嚐到檸檬的滋味。那麼，如果你一直想著悲慘的事，情況將會如何呢？

每一個思想都會變成實際的。例如：你心想「別人總是想傷害我」，當你有這樣的想法，就會開始懷疑別人，時刻刻提防別人；心裡想著他人的不是，就會不斷拿「他人的傷害」折磨自己，你就成了名副其實的「受害者」。

你相信「人性險惡」，周遭的人隨時可能欺騙你或利用你。那麼，你便會在人生當中發覺越來越多對「人性險惡」的親身經歷。一個惡性循環便開始了，你的經驗更加深了你原來的看法。

當你覺得全世界都對不起你，所有人看來都像虧欠你

有個旅人行經一座古城，詢問站在門邊的守門人：「這城市是什麼樣子？」

「就像你所來的地方。」守門人回答。

「那是個可怕的地方，」旅人回答：「那裡很糟，人很難處。」

「你會發現這裡也很類似。」守門人回答。旅人搖搖頭繼續他的

旅程。

一個小時之後，另一位旅人走近這位守門人並問：「這是什麼樣的城市？」

「就像你所來的地方。」守門人再度回答。

「那是個很棒的地方——人很友善，景色美麗。」

「那麼，你會發現在這裡很類似。」守門人回答。

這位旅人開心的走進城門，找到他的新家。

這個世界就是我們所想的那樣。當你見到某個人，你對那人的想法將會創造出你的經驗，如果你認定他是朋友，你的經驗就會和認定他是敵人時不一樣。當你與人不和的時候，常會把責任推給對方。然而當中何者為前因後果？是對方不友善，還是我們早在見到他之前就有成見，致使他在我們眼中看起來不太友善呢？

如果心中懷有負面思想，無疑的你就會變得負面，別人看見的就是負面的你；當你覺得全世界都對不起你，所有人看來都像虧欠你。如果你一直想著厭惡和報復，你將會終日活在憤恨的情緒裡。當你堅信生命是悲苦，是黑暗的，那麼，你的生命將變成悲苦，黑暗的，因為你總是躲在陰暗處，陽光當然照不到你。

相反地，心裡懷著善良真誠，你會發現，你的生命中確實充滿善良、真誠；當你重拾信心滿懷希望，別人看見的就是開朗愉悅的你；你愈往好處想，人生就愈開闊。你的想法將會成為你的真實人生。

一切都不會改變，直到你改變你的想法為止

我們每個人在一生中，都會不斷累積對自己和人生的想法，這些想法幾乎決定了我們的命運。然而，由於我們無時無刻都在思考，也習慣「這麼想」，以致沒有發覺。

此刻你會有這樣的情緒是源自此時你腦中的思緒。你覺得悶悶不樂，請記住，不是因為某人，而是你自己對某人的想法所造成的。你覺得很生氣，激怒你的也不是事情本身，而是你對事情的看法。如果沒有這種想法，你就不會那麼生氣。

試試看，在沒有任何令你生氣的想法下感到氣憤，再試試在沒有任何憂愁的想法下感到憂愁，你會發現那是不可能的。煩惱不可能自己出現，除非你的邀請。現在請想想你的煩惱，在你想到煩惱之前，它在哪

裡？沒想到煩惱時，煩惱便不存在，對嗎？

我們是自己心靈內唯一的思考者，也是唯一可以轉變想法的人。想著人生痛苦悲慘的人，是你自己，能停止的人也是你——所以要有覺知。不能改變自己想法的人，什麼也改變不了。

這些年來，你是否已習慣使用某種方式思考？問問自己：「是不是我的想法讓我變成現在的模樣？」、「是什麼樣的想法造成現在的問題？」此外，「我可以停止這種思考方式嗎？」

想像你自己正在排隊買自助餐，那裡擺著許多道想法，而不是菜餚。你可以選擇任何你要的想法，而這些想法將會締造你未來的經驗。你希望讓你現在的想法成為你真實的狀況嗎？

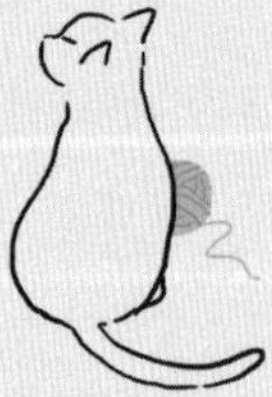

在各種看法中，最重要的是你對自己的看法

人有兩面性，「被看的自己」和「看著的自己」兩種。自己裡面還有另一個自己。前面一個自己是別人眼中的自己；後面一個自己是內在能自覺的自己。

生活的煩惱、不快樂，是因為我們總是被別人看，「別人覺得我如何？他們如何評論我？他們的意見是什麼：他們是否接受我或拒絕我、喜愛我或討厭我。」我們對自己的看法往往取決於別人的看法，在意別人的感覺更甚於自己真正的感受，這就是問題所在。

因為不知道自己存在的價值，才會一直活在別人眼中；沒有自信，於是希求別人的讚美和認同。但又常常在別人眼中找不到自己的價值而失望、受傷。所以「自我覺知」很重要：要知道別人怎麼看你是他人的事，你如何看自己才是重點。

價值是在自己心裡，不是別人嘴裡

當我從外在看到我的身體時，我可以覺知到，但除此之外，我還能從內在覺知到我的身體。當我閉上眼睛時，我雖然看不到我的身體，但我還是能從內在感受我身體。外在的看法和內在的感受是非常不同的。

如果你只是從外面來看你，你無法真正了解自己，只能看到別人眼裡看起來是什麼樣子，你所看到的和別人看到的是一樣的。只有當你能從內在了解自己，從內在感受自己，才能真正建立自信、自尊與自我價值，因為只有你自己才能夠知道這一點。

我聽說不少人費心整容後，對自己身材臉蛋還是不滿意。有位美麗明星因為亮麗的外表吸引數百萬名影迷，年老時她坦承，她一點都不覺得自己美，終身都活在面具底下。

也見過許多成功人士表現出極低的自尊心。他們的內心充滿自我懷疑，無法享受成功的喜悅。尤其是在成功的當下，「我不夠好」內心的懷疑又跑出來，我必須更努力、好還要再更好。彷彿被下了魔咒。他們承認他們焦慮的渴求成功，是為了要證明自己的價值。

受到喜愛固然很好，可是，除非你也喜愛自己；如果自我感覺不好，所有一切都是虛的。聽到別人讚美很好，可是，除非你相信自己，那麼這些話正好肯定你的感覺；若不信，即使再多讚美也沒用。

別人是以你看待自己的方式看待你

什麼是「自我價值」？就跟這四個字所代表的意義一樣：你存在本身就是有價值。無關乎個人成就高低、收入多寡、成敗優劣，也不是來自別人對你的評價，而是來自內在本質——你看見自己的存在和自己這個生命是很有價值的。就像香花即使掉到地上，還是香的；一千元的鈔票即使弄髒，價值還是不變。

所謂「自信」，不是去追求表象，「變成有自信」那樣子的人，而是誠實的面對自己，接納自己，欣賞自己本來的樣子。

想擁有「自尊」，不是要求別人來尊敬你，或以更尊重的態度來對待你。他們不會，直到你很尊重自己。當你看重自己，重視自己的想法和感受，別人也會如此。

在各種看法之中，最重要的一項是你對自己的看法——當你看見自己的價值，就不需要依靠別人肯定；確定自己夠好，就不需要刻意討好；真心愛自己，就不怕沒人愛；對自己有信心，就不再受別人影響；忘了別人眼中的自己，就能活出真正的自己。

假設我們很在意某人，盼望他的肯定和讚美，希望他朝好的方面來想我這個人，說我的好話，但如果他不這樣，或者他說了否定的話，會如何？我們就會覺得受傷，感到憤怒，對嗎？

問題是，如果你自己都不清楚自身的價值，無法肯定自己，又有什麼資格生氣抱怨？

「你就是你認為的你」（You are what you think you are.）你的言行是你認為自己是誰而產生，你的價值是由你定義。看見自己的強大，你會深深地感受到，每一天的自己，都更有力量。

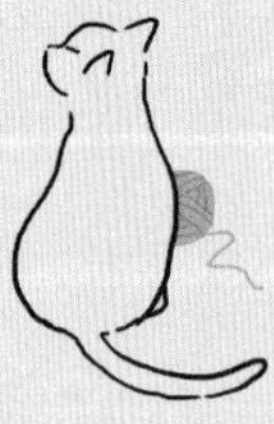

你聽到的話當中，最具影響力的是對自己說的話

不管你是否注意到，你的腦袋裡都會有人在說話。你不必張口，就會有聲音告訴自己：你太胖了，你頭髮太亂，你差勁，你不是這塊料、你表現還不夠好……喋喋不休，質疑你的能力和價值，限制你的快樂。就好像我們腦袋裡放了一台音響，而CD跳針連續不斷播放，我們卻不知道要按下停止鍵。

這些聲音來自何處？通常在孩提時期就開始了，多半融合了父母、老師、同學、親友對你的論斷，批評或嘲諷。有時一句指責的話，或者

情緒化的字眼，就久久縈繞在我們心中揮之不去。有時我們聽這些話聽得太久，讓它們滲透到自我形象中，便開始認定自己就是那樣。

別人傷害我們的話，遠不及迴響在自己心中的聲音

我以前對別人的批評相當敏感，因為我的自尊低落。即使別人並沒有批評的意思，我卻經常會把對方的話解釋成否定的訊息。我認為我的反應是在回應他的話，但事實上，我是在回應「內在自我批評」的聲音。

在我成長階段，覺得師長並沒有給我足夠的肯定。因為不愛讀書，上課調皮搗蛋，我曾一度被視為所謂的「壞學生」。有位老師甚至很「坦白」的對我說：「你將來不會有什麼出息！」為此，有很長一段時間我都過得很鬱悶。

我把認定自己沒有用、沒有價值的這些話深印在腦中。長大之後，我就抓住任何證據來證明果真如此，這些認知和信念變成我的人生劇本。當然，我並沒有察覺，因為這些話是從我腦袋發出，聽起來就像自己的口氣，也就信以為真。

別人傷害我們的話，遠不及迴響在自己心中的聲音。你可以觀察一下，每一次你感覺自己很糟時，你是怎麼跟自己說話的？當人生遭遇困境低潮時，你又對自己說了些什麼？

你內心的聲音會說：「再加油一下」、「沒關係，一切都會沒事的」、「你行，你可以做得更好！」，還是更常聽到通常是負面的：「你真沒用」、「天哪！你怎麼又犯同樣的錯誤」、「你很差勁耶！看看你又把事情搞砸了！」、「我就知道一定會失敗」、「你根本做不到，你還差的遠呢！」諸如此類，對嗎？

這劇本也許是你多年前寫的，也許是別人寫的，想想，如果能重寫劇本，這會是你想要的劇本嗎？

你的人生，來自你口中常對人所說的話語

你所聽到的話當中，最具影響力的就是你對自己所說的話。在這輩子中，最重要的關係，是你和自己的關係。你是唯一從出生到死都和自己在一起的人，那麼，你是否想跟尖酸刻薄的人在一起？還是跟肯定你、支持你的人在一起？

快樂自信沒人能給，但千萬不要被自己摧毀。要成為自己最好的朋友，就要開始改變你對自己說話，以及對別人說你自己的方式。多說些充滿信心的話語，肯定你的優點，鼓舞你的鬥志，激勵你的勇氣，你將

不斷超越自己。

知名作家梅樂蒂．碧緹這麼寫著：「那些看起來最美好的人，其實跟我們並無二致，唯一的差別只在，他們會對自己說，自己看起來很不錯，並讓自己閃閃發光。」

我記得有一段時間很流行一種鼓勵自己的方式，就是每天出門前對著鏡中的自己說：「我真棒！我很聰明！我有自信！我有才氣！我有創意！我充滿戰鬥力。」，當你這麼說，就不斷作正面的宣告，就是在建立自我形象，當這些肯定自我的話語深入你潛意識時，它們將開始轉變你看待自己的方式。

每天對自己說對他人說：「我好幸運！我好感恩！我好開心！我好感動！」、「你可以，你行的，一定會有驚喜！」，心裡充滿著正面能量，得勝者的心態，人生也隨之轉化。

留意你對自己說的話，問以下三個問題：

一，這是千真萬確的事實嗎？

例如，你對自己說：「沒有人喜歡我」，有沒有什麼證據？真的都沒有人喜歡我嗎？這是真的嗎？

「可是不會啊，還是有一些人蠻喜歡我的」，發現反對的證據了。

二，這些話是否讓我得到我想要的？

你想要是什麼？也許你說：「我想要有自信」也許你想要的是「內心平靜」。也許是工作獲得升遷或更穩固的關係。無論目標為何，用這個問題檢視：你對自己說的話讓你接近想要的嗎？或是讓你停留在不想要的情境中？

三，這些話對我有幫助嗎？

人很難放下自己認知的信念，但堅守這些信念卻讓自己受苦受難、頹喪失落。問自己上頁三個問題可以了解到：你的想法、觀點、認知和信念若無益於己，甚至對自己造成傷害，就停止吧！

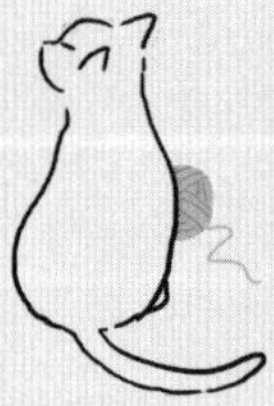

自己想要什麼，只有自己最清楚

常聽到有人問：我該怎麼做？我該選擇什麼樣的生活？是否該換工作？是否該分手？我要怎麼改變？怎麼樣才能快樂？

在回答這問題之前，要先知道一件事：當你快樂時，誰會知道？你會知道。當你痛苦時，誰會知道？你會知道。你沒辦法感知我的頭痛，我也沒有辦法感覺你的牙痛，當你不痛了，知道的人也只有你。能明白這一點，答案就不遠了。

沒有人比你知道你的體會感受，沒有人比你知道內心深處的想法，沒有人能替你過你的人生，沒有人能給你正確的答案。其實，你最該問的是自己，因為你才是最了解你的人。

誠實面對自己的感受，跟著自己的內心走

要怎麼知道答案？

很簡單，你肚子餓時是怎麼知道的？那你吃飽時，又是怎麼知道的？事情本來就一清二楚。你不會問別人說「我是否已經吃飽？我該不該再多吃一點？」當你心情鬱悶的時候，你知道；當你心曠神怡時，你也知道。你是怎麼得出答案的？這份明白就在你心裡。

很多人問我問題時，常會覺得為什麼我總是不直接說答案，還反問一堆問題，因為答案只有你自己知道，我只能協助你找出來，而不是塞

給你一個屬於別人的答案。

例如，選擇工作時候，應該看重興趣還是薪水？感情變調了，要挽回還是放手？面對熟悉卻沒未來的生活，要離開還是留下？這本來就因人而異。你要先了解，「你想要過什麼樣的生活？你覺得快樂嗎？那真的是你想要的嗎？」，想清楚了，自然知道該怎麼做。

「你還是守著那段戀情嗎？」有天我問一個學妹。

「如果我有自虐狂的話，可能會，」學妹說：「但我已經決定再也不要那樣對待自己。」如果不能遇見喜歡的人，那麼，至少要過自己喜歡的生活。這就是她的答案。

常常都有人拉著你的手說：「你應該這麼做、那麼做！還有這個很重要，那個也很重要！」但其實你應該抽回你的手，把它放在你的心上，說：「不對，這個才重要，這才是我真正想做的。」

喜歡與不喜歡就是如此，只要親自去體驗、品嚐、碰過就會知道，不需要別人來教我們。不管你決定怎樣的生活方式，都是因為它最符合你的個性，不要受別人影響；不管所有人怎麼說，都要誠實面對自己的感受，跟著自己的內心走。若是你的感覺很好，那就儘管去做。若是你覺得不太對勁，那就拒絕它。如果一件事感覺不好，實際去做只會感覺更糟。

只要探知內心真實的想法，就找到指引的方向

請試著弄清楚，你的幸福是由別人告訴你的，還是你自己的感受？你想得到某樣東西是否只是因為別人想要？你想要的東西會不會只是因為他人認為很好，而不是你自己覺得很

好？

引用印度大哲克里希那穆提說過的一段話：假設有人告訴你現在很餓，這是一種類型的覺知；但如果你真的感覺自己很餓，那就是另一種形式的覺知了。現在請試著弄清楚你的飢餓是由別人告訴你的，還是你自己感受？

當你餓的時候需要的是食物，而不是別人對食物的描述，那就是為什麼你覺得人生空虛，迷茫、不快樂——別人告訴你的都不是你的人生。

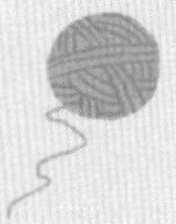

真正重要的問題都要向內問。只要探知內心真實的想法，就能找到指引方向。

當你不知該何去何從，問自己：「我想要的是什麼？為什麼會想要這個？」當你搞清楚了，就不會到處尋求意見。

遇到挫敗，心生放棄之際，問自己：「為什麼當初我要選擇這條路？」，「為什麼他們如此反對，我還是想要走這條路？」這能幫你確立今後的步伐。

心情低落，內心無助，問自己：「為了讓自己快樂，什麼是我真正需要的？」當這份需求很明確，你就會找到它。

如果還是不知道自己要什麼，怎麼辦？

那麼至少要知道自己不要什麼。生活裡有太多不屬於你，卻念念不忘的；有太多讓你不快樂，卻緊抓著不放的。想活得單純快樂，就是把不屬於你的部份拿掉，把不快樂的元素從生活中剔除，最後留下來的就是你要的。

當你越清楚自己不要什麼，就越能找到自己真正要的東西。

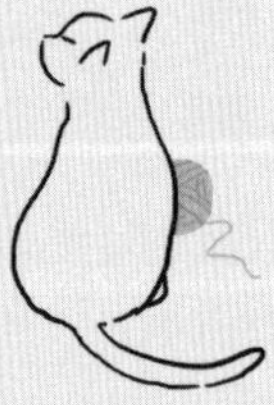

人不快樂，是忘了自己本來的快樂

長久以來，受到社會價值觀的影響，已經完全被「洗腦」，我們深信，只要擁有了想要的東西，就會變得快樂；我們也以為，如果財富成功能帶來快樂，那麼越富裕，越有成就當然就能創造更多快樂。真是這樣嗎？

注意看那些有錢人，他們有更快樂嗎？上司會比下屬更快樂嗎？擁有更多的人有更喜樂嗎？沒有。職位升等、通過考試、放個長假、購物血拼……，這些事物會帶來快樂，但都是短暫易逝的。你得到新手機，非常興奮，然而當新鮮感過了，快樂也隨之消逝。買一套新衣服，第一次穿上它感覺很棒，第二次穿感覺還不錯，但是穿了幾次，它就不過是另一件衣服罷了。

快樂是本質，不是更多的物質

快樂是什麼？

快樂是我們的本質。你見過小孩毫無理由地，只是跑跳、遊戲就非常喜樂嗎？如果你問他：「你為什麼這麼快樂？」他將無法回答你，「快樂需要理由嗎？」

我知道你認為你需要，但你並不需要。你相信要賺很多的錢、要成功發達、獲得某些東西，才是所謂的快樂，這正是你現在不快樂的原因。表面上你是在追求快樂，其實是虛榮心在作怪罷了。不斷攀比，看到別人有而自己沒有，於是努力去追求。而越去追求，就越想到自己欠缺的，這樣又怎麼可能快樂？

還記得當年單純的快樂嗎？騎著腳踏車吹著涼風、到操場盪鞦韆、去河邊釣魚戲水、在群山環繞高歌、打赤腳走在綠茵上、躺在草地上仰望藍天、拾起幾片落葉仔細端詳、看一本好書、三五好友相聚……。「最美好甜蜜的日子裡都沒有什麼了不得的大事，只有一個像一串珍珠奇幻滑落的小小喜悅。」──加拿大作家蒙哥馬利透過她筆下《清秀佳人》（*Anne of Green Gables*），的女主角安．雪里如是說道。

當學生時，沒什麼錢，無法上高級餐廳，但吃路邊攤就覺得無比滿足；沒有名車，騎著機車就無比開心。第一個月薪水不多卻最欣喜；第一次談戀愛什麼都不懂卻最快樂。後來什麼都有，卻再也感受不出那樣的感覺。

快樂就在心中，只是我們越向外追求，就離我們的心越遠，所以感受不到。長大不是壞事，失去單純才是。做任何事情都回歸到單純上，用最單純的心來看待與做任何事，快樂就會很單純。

把那些欲望、雜念全部放掉，你就可以快樂

哈佛大學心理學教授塔爾・班夏哈（Tal Ben-Shahar）提到，有位學生在上完一堂精彩的課之後，走上前來問他：「我什麼時候才能享受單純的快樂？我覺得好像非得不斷地追求成功不可，先是苦讀以求進入哈佛，現在又要每一科都拿A。不知道什麼時候，我才能放鬆、快樂一下？」

班夏哈答道：「何不就從現在開始？」學生們聽完都呆望著他，好像他腦筋有問題。這也是大部分人的情況——忘了自己原本的快樂。

做為一個學生，你不用等到畢業後才快樂；做為一個父母，你不用等到孩子長大才快樂生活；做為一個員工，你不用等到有錢才體驗生活樂趣。你不需要從外在取得快樂，而是把「你內在的快樂帶到你外在的經驗裡」，了解這一點，你就不需要得到什麼或完成什麼來使自己感到快樂。

我們每天聽到很多人抱怨自己不快樂的事。事業成功的說壓力大，工作清閒的說沒前途，沒有結婚的說沒遇到合適的人，結婚的卻說遇到的人不適合。每個人都說要快樂，卻對痛苦緊抓不放；努力追求幸福，卻對眼前的幸福視若無睹。要如何快樂？

其實，你只要把那些欲望、雜念全部放掉，現在就可以快樂。

人們為什麼願意開著一輛四平八穩的轎車，跑去體驗上下巔陂的牛車馬車；捨棄自己舒適房子不住，到野外搭帳篷炊煮；忍受寒風刺骨，登山賞雪看日出？

人所追求的本質並不是物質，而是一種內心的感覺。有的人喜歡放鬆的感覺，有人喜歡大自然的感覺，舒服的感覺，溫馨的感覺，童年的感覺，自由的感覺，幸福的感覺。

因此，找到你自己最喜歡的感覺，會是我給你的建議。

首先，先要了解自己，喜歡的哪種感覺？去經驗並感受，快樂就在當下！

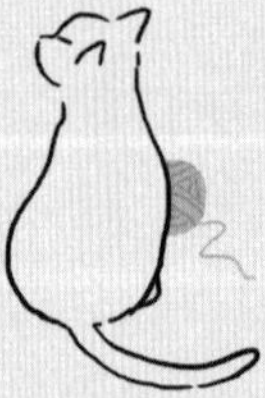

擁有幸福的方法，就是感受幸福

幸福是什麼？如何擁有幸福？

你讀一本書，沈浸在平靜喜悅裡。但在你能感受到之前，那些都只是文字而已。

你看到日出日落，那只是早晨傍晚。你若能駐足欣賞，看見劃破黑夜的第一道曙光，落日餘暉和夕陽西下在天際，就能體驗到良辰美景，感覺很幸福。

擁有幸福的方法就是感受幸福。所以，第一步就是從你的內心去感受。當你說：「我覺得很幸福，很滿足。」你是怎麼感受幸福的？滿足感在哪裡呢？是來自你的心裡，對嗎？

最明顯的例子：孩子出生的時候，雖然那一刻母親的身體正經歷著人生最嚴重的苦痛，但聽到第一聲啼哭也是最幸福的瞬間。再如戀愛的時候，即使辛苦也覺得甜蜜，想念也覺得美好，即使風吹雨打也成了幸福的回憶。

只有懂得品賞，事物才能變得美好

常聽很多人回首過去說，當時窮日子過得很幸福。因為當時我們想要的東西很少，很容易滿足。物質是為了滿足需求，如果你已感到心滿意足，還需要什麼呢？

有人以為必須擁有才幸福，其實，只要你懂得欣賞就已經擁有。當你看到漂亮的花，聽見悅耳的鳥鳴，一定要得到它們嗎？當你能欣賞感受到，就已經得到它的本質，它在路旁，跟在你家並沒有兩樣。你也不需要去擁有一座博物館，一座公園，只要你願意走進裡面，馬上可以享有。

很多人以為欣賞品味只適合美好的事物，正好相反；只有懂得品賞，事物才能變得美好。當你用心感受，會對清晨的第一道曙光感到幸福喜悅，會深深體會茶入口的美滿滋味，會吃出每一口麵包都更香甜；用心體會，你會被微風吹拂樹林的聲音觸動心弦，會在許多看似不起眼的角落發現隱藏的美麗，在簡單的小事感到幸福的時刻。

享譽國際的心理醫學權威布萊恩．魏斯曾提到，在一個很熱的夏天晚上，他工作到很晚才回家，他的太太正在家裡照顧小孩。當天他離開學校後，心血來潮，在路上買了兩杯冰淇淋回家，一杯給他自己，一杯給他的太太；這段時間，他因為工作，他太太因為要照顧小孩，兩個人都很辛苦。回到家，他們倆一起坐下來吃冰淇淋，共享了一個非常寧靜甜蜜的夜晚。太太卡洛多年之後告訴魏斯博士，他能想到她，並且帶冰淇淋給她吃，這件事一直是卡洛生命中珍貴的幸福回憶。

你其實很幸福，只是沒注意到而已

對我來說，最幸福是吃到母親煮的菜。還沒進屋就聞到撲鼻的飯菜香，是我對「家」最深刻的情感記憶。特別在出外讀書就業後，聚少離多，感觸就更深了。嚐遍不少美食都不如媽媽的家常味。那份咀嚼在口裡的，不只是食物的味道，更是母親關愛的心意，那份溫暖不只在口裡，更擴散蔓延到心裡——有一股難言的感動叫做「幸福」。

去想想生活中有什麼讓你覺得開心的事，回憶那些你覺得快樂的時光；當時你在哪裡，在做什麼，和哪些人在一起。讓自己沉浸在那些美妙時刻，讓微笑浮現嘴角，感覺內心的愉悅。外在的世界美好依舊，微風吹拂，星星閃爍，花朵飄香。只是那份對美的覺受被你遺忘了。

多想想生活中有什麼讓你覺得感激的事：你有幾首很常聽的歌，有一些特別喜歡的事，有一些期待的未來，有許多美好的回憶，也有關心著你的人……你其實很幸福，只是你沒有注意到而已。

幸福的唯一把尺，是你說了算！

有人說幸福就是看著孩子一天天長大；有人說幸福就是做自己想做的事；有人說下班休息 全家能在一起就很幸福；其實，只要相信自己是幸福的就是幸福，因為幸福一直都在你心裡。

吃到一盤充滿童年回憶的蘿蔔炒蛋，捧著一杯熱咖啡欣賞音樂，跟著哼上幾句；替自己熬煮一道料理並優雅享用；躺在公園一邊曬太陽一邊看著最愛的書，騎自行車去發現新的風景，背上背包到森林裡感受大自然。只要你在心中有感動就是幸福。

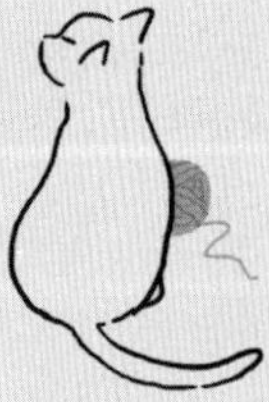

Part 2

思想的本質

假如你因某些事物而煩惱，其實並不是那些事物在煩擾你，
而是你對它的想法讓你苦惱。
負面情緒是來自負面的思想。

所有的「客觀」，都是出自我們的「主觀」

有一天，印宗禪師問弟子：「風吹幡動，究竟是風動，還是幡動？」眾弟子議論紛紛，有人說風動，也有人說幡動。

這時，其中一位弟子慧能獨排眾議，回答：「是人心動！」

印宗禪師這才點頭微笑。

風是風，雲是雲，動於不動，都是你內心的感覺，關鍵你是以什麼為參照，從什麼樣的立場和角度來看待問題。

就說「上」和「下」的概念吧！乍看起來，大家對「上」和「下」的概念涇渭分明，但如果你問澳洲是在英國的上方還是下方時（註：英國與澳洲恰好位於地球表面的對稱位置上），問題就來了，那得看你面對哪個方向來看。

我們再以「動」和「靜」為例。拿太陽和雲朵來說，當你盯著太陽，把太陽當作標的，太陽不動，那麼雲朵就是動的；反過來，你把雲朵當作標的物，認為雲朵是不動的，那麼，太陽就是動的。

對與錯沒有絕對，好與壞視情況而定

人們常說事情沒有對錯，乃是分不清對錯，因為每個人的觀點和認知不同，當你相信自己是對的，那麼意見相左的就是錯的，公說公有理，婆說婆有理，是非也由此而生。

人們所說的善惡多半也是以自己的點出發。如果你去問一個農夫，什麼是好鳥，他會告訴你會吃蟲的是好鳥，而會吃莊稼水果的鳥就是壞鳥。同樣，對你好的人，你就認為他是好人，對你不利的人就是壞人。善惡都是自己在分辨。聽聽這對話：

法官：「動手打人就構成犯罪。」

約翰：「可是他罵我，取笑我，使我完全失去了理性。」

法官：「他說了些什麼？」

約翰：「他喊道：『來吧，打我吧，我不怕。來呀，來呀，只要碰我一下，我把你告到法官那個禿頭的老傻瓜那裡去。』」

法官：「本案撤銷。」

大文豪蕭伯納曾如此嘲諷：「政府如果搶劫約翰幫助保羅，一定可以得到保羅的擁戴。」

想一想你的好友吧！你需要想很多原因來解釋你為什麼喜歡他嗎？當然不必，因為他對你好，就夠了。現在，再想想一個你厭惡的人，應該也有自己的朋友吧；重點就在這裡，你厭惡的人為什麼有人喜歡？

你討厭的人，可能是某些人眼中最棒的員工，子女或父母。你最好的朋友，也可能是別人厭惡的配偶，主管或婆媳。對你好的，未必是好人；你認為對的事，對別人來說未必。對與錯沒有絕對，好與壞也視情況而定。

每個人從某個面向來看都是瞎子，只是不自覺

在一場座談，有位聽眾問聖嚴法師：「這個世界上，有所謂的『客

觀』嗎？」不少台下聽眾紛紛點頭。

不料，大師話鋒一轉說：「不，這個這世界上並沒有『客觀。』因為所有的『客觀』，其實都是出自我們的『主觀』。」

我們的參考點永遠是自我。我們的每種感覺、想法、認知或觀點都跟自我有關。自我就是衝突的主因。因為我們的觀感都是站在自己的立場才產生，所謂對錯也是以自己的角度看。如果我有我的理論，你有你的理論，我們就會有爭論了，對嗎？

以前不了解，常與人爭論。明明講的是同一件事，也希望被理解，但不知道為什麼老是各說各話，雞同鴨講爭執就出來。

年輕時，我對是非善惡涇渭分明，後來幾年，發現事情並非黑即白。這幾年我又變了，我覺得事情只是事情，是對是錯，只存乎一心。

所以，六祖說：「不是風動，也不是幡動，而是心在動。」沒錯，心若不動，風又奈何；心若不爭，又哪來是非？

學習觀察自己的心如何活動。

當「起心動念」之際，注意自己的「思想」，它會透過不同的信念、觀點和詮釋說：「這是對的，那是錯的」，它會判斷說：「我認同這個，我不喜歡那個」，當你了解自己的心，便能對別人的想法和感覺感同身受，就會產生同理心。

如同寓言故事「瞎子摸象」，每個人從某個面向來看都是瞎子，只是少數人有這個自覺，大多數人都沒有。當你與人爭辯時，別忘了提醒自己，「說不定我們看到的是同一頭大象。是否該站在對方的立場和角度，再想想看？」

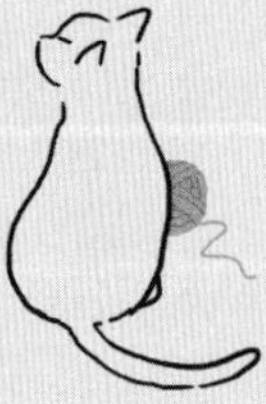

你的感覺也是自己「想出來」的

為什麼人們喜歡小鳥啁啾的聲音，卻不喜歡有人在一旁竊竊私語？因為我們不只聽到聲音而已，我們習慣在聽到的聲音之外又加上自己的想法。「他們在嘀嘀咕咕什麼，是不是在說我壞話？」，當你這麼想，心情就受影響，對嗎？

有人跟你約會遲到，就只是晚到，但是如果你懷疑「他故意讓我等」，心情就開始變糟；你約某人剛好沒空，那就算了或改日再約，然而如果你認為「他是在躲我，他根本瞧不起我！」，就會愈想愈氣。

有一對情侶約好在咖啡廳見面，結果因事先沒說清楚而各自在不同的咖啡廳等待。男友等了半個小時後在女友的電話上留言，然後便離去了。

男友認為這一定是搞錯了地方，下次再約就好了；但女友卻不那麼認為，她認為這是男友對她不信任，她非常失望，並對男友發一陣火。

別人真的有這樣，還是我們在揣測他是這樣

人腦和電腦最大的差別，當你輸入同一筆資料在兩個不同的人的腦袋中，所得的結果並不像電腦一樣會有相同的答案。那是因為我們的頭腦很擅長「編造劇情」。在編劇的時候，我們的頭腦會不斷解釋、猜疑和判斷我們的經驗。雖然這種頭腦的活動對於理解經驗很有用，但它也

是許多誤解的由來。例如：

- 他說重話——他是在針對我。
- 他沒說話——他想看我笑話。
- 他沒表情——他給我擺臉色。
- 他沒參加——他根本不想來。
- 他管很多——他故意為難我。
- 他對我好——他是有目的的。

這些劇情多半是未經證實，它們充其量只是「揣測」罷了，如果我們都當真問題就來了。

一個妻子懷疑自己的丈夫在外拈花惹草，她的丈夫下班剛回到家她就檢查丈夫的身上是否有女人的頭髮，查了半天也沒發現，於是她哭泣的說：「沒想到你連沒頭髮的女人的喜歡。」，她心裡已先有了定論，只不過是尋找更多的證據來支持自己的定論。

我想起，有一回在醫院病房看見一位老太太，她的房間擺滿了鮮花、水果，但她似乎悶悶不樂。我隨口說一句：「真好，有這麼多人來探望您！」

不料她沒好氣地說：「有什麼好，大家都是有目的的！」接著，她開始滔滔不絕地抱怨，先說「兒女平常都不關心我，直到我病倒才來，真不孝。」，又說「他們來看我，還不是覬覦我的財產，」、「那些親友來看我，說不定是想跟我借錢，才假好意……」

她說的斬釘截鐵，但萬一是錯的呢？

把每個想法都當真，情緒必定起伏不定

幾天前，我跟孩子在討論某事情，我說：「我知道你覺得我很煩，而且對這件事情管太多，但是……」

孩子跟我說：「你怎麼知道我是那樣想的？其實那些只是你心裡的想法，我並不覺得啊。」

如果別人沒有那個意思，為什麼我會有那樣的感覺？

因為人的感覺並不是根據事實，而是來自想法。我們認為的「事實」，只有兩成是事件本身，另有八成是從我們自己的想法而來。換句話說，我們先入為主的想法、已經存在於我們腦中的成見會大大影響我們判斷。

想像一位女士穿著精緻的高跟鞋參加宴會。在進入擁擠的房間時，有位男士正好踩到她，而且連看都不看一眼。她立即斷定這位男士是個粗暴又無禮的傢伙，並憤怒不已。

於是，這位女士追向前去，就是為了罵他一句。結果卻發現那位戴著墨鏡的男士竟然是個盲胞。於是她得到的第二個結論，她自己才是「不小心」的人，同時，也為對方的殘疾感到同情。

但是，當日的傍晚時分，她的視線往遠處一瞥，看到那位男士摘下墨鏡，眼睛並沒有瞎。這才發現，他先前是假裝的。她的怒火因而隨著認定那個男人是個大騙子而點燃。

如同這位女士的例子，我們把冒出的每個想法都當真，情緒必定經常起伏不定。「別人真的有這樣，還是我們在揣測他是這樣」，這是必須經常提醒自己的。你都相信自己感覺不會錯，但你的感覺也是自己「想出來」的，不是嗎？

情緒問題用想的是無法解決的。努力想找出自己為何有這種感覺，只會讓情況惡化，好比陷入流沙的狀況：越用力掙脫，反而陷得越深。

你必須釐清何者為「事實」，何者為「想法」。以下列舉幾個：

- 男友忘了生日（事實），他根本不愛我（想法）。
- 孩子不愛讀書（事實），他沒什麼前途（想法）。
- 被上司責罵（事實），臉都丟光了（想法）。
- 投資失敗（事實），我人生完蛋了（想法）。

只要你能看清你的想法並不等於事實——只是想法，而這些想法並不能傷害你，則你整個情緒就會平靜下來。反之，當你寧可相信自己想法，而不願單純去看事實時，就會生起各種情緒性反應。

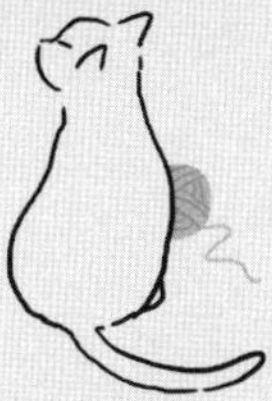

你所注意的事，將變成你認為的真相

孫太太很喜歡抱怨，尤其她對自己經營的農場更常滿腹牢騷。

這一天，孫太太的農場大豐收，馬鈴薯的產量和品質都創下空前紀錄。住在農場附近的鄰居們心想，現在她應該沒什麼好抱怨的了，因此向她道賀：「孫太太，今年妳的農場可是大豐收啦，妳應該高興了吧？」

誰知道孫太太仍然抱怨：「不錯，可是教我去哪裡找那麼多壞的馬鈴薯餵豬呢？」

多數人會說，農場豐收應該是件值得歡喜的事。但事實上，我們的心情並非由發生在身上的事情決定，而是由所關注的事情決定。

任何時刻我們周遭都會發生兩種事。一種是厭惡的事，另一種是歡喜的事。哪一種會影響你的心情？

就是你最專注的那一個。人的意識就像手電筒，照到什麼就看到什麼。照向天花板，就看見天花板；照向地板，就看見地板。如果你把光照向垃圾堆，看到的當然都是垃圾。

你把注意力放在哪裡，會製造出何種經驗

有個人對都市生活極度反感，決定要到鄉下尋找自己「烏托邦」，於是他不顧家人的反對，來到一個偏僻的鄉村。村中竹叢處處，小山清蔥翠綠，流水潺潺，河水清澈甘甜，山明水秀，他被眼前的景色迷住

了，驚嘆世間竟有這樣的仙境。

他高興極了，沉醉於陶淵明一般的田園生活裡，他當下就決定要在這裡定居。

半個月過去了，他每天東走走，西看看，縱情於湖光山色之中，怡然自得。更肯定自己當初執意遠離塵囂的明智之舉。

兩個月過去後，「世外仙境」的新鮮感漸漸地淡了。他開始覺得不能適應；每逢下雨，到處泥濘不堪，簡直寸步難行；動物們隨地便溺，搞得家裡臭氣沖天，令人作嘔；不知名的蚊子到處飛竄，一不小心就被咬上一口，又痛又癢；因為沒電，天一黑就只能上床睡覺，無聊至極……

住了三個月，他開始用「窮山惡水」來形容這個山村了。

為什麼「世外仙境」變成「窮山惡水」？因為我們把注意力放在哪

裡，會製造出何種經驗。

想像你跑到一處幽靜的山林，夜裡四下無人，一片靜悄悄的，你覺得內心平靜。可是突然間，你開始聽到蟲鳴蛙叫聲，偶爾夾雜著貓頭鷹的咕咕聲「怎麼這麼吵？」你心想：「真後悔跑來這裡！」，你愈注意聽這叫聲便愈響，早忘了先前感受到的安詳寧靜。

事實上，山裡的寧靜一直都在，而蟲鳴蛙叫聲或許在你聽到之前便已存在。想把注意力擺在哪裡？要去聽吵聲，還是要回歸平靜？由你決定。

焦點放在哪裡，就會看到什麼

許多人應該都有類似的經驗。如果你想買某款汽車或手機，之後無論在何處，我們都會看到同款的商品。再如許多孕婦，自從懷孕之後，突然發現無論到那裡，在捷運、公園、逛街、都會看到孕婦。難道大家都決定同時生小孩，或是你買某商品後它們就開始暢銷？當然不是，而是你焦點放在哪裡，就會看到什麼。

剛談戀愛為什麼如此美好？因為情人眼裡出西施，你看到的都是對方的優點。後來又怎麼會分手的？當然，原因有很多，但其中之一必然是發現對方缺點和過錯。此後，我們都習慣把焦點放在對方不快的言行，卻完全忘了雙方共有的愉快時光。而雙方越是關注在彼此的問題，關係就愈走下坡。

失戀的人為什麼憂鬱？因為不斷反芻悲傷記憶，情緒就更低落，帶著「憂鬱」的心情，你將發現憂鬱向你襲來：音樂聽起來很憂鬱，天空看起來都很憂鬱，落葉顯得很憂鬱……。

記住，任何你所注意的事就變成你的真相。一旦它變成一個真相，它就會吸引你的注意，然後在生活中你就會更注意它，它就會變成你的真實人生。

如果你到一家餐廳，你很關注環境品質，那麼你會對剝落的牆面、磨損的地板，以及吵雜喧鬧聲感到不舒服。如果你很注意健康養生，你會對空氣中飄來的油煙，以及菜味道太油太鹹不滿。如果你注重的是藝術創意，你可能會對餐廳復古建築，以及異國料理感到驚喜。如果你焦點是在與親友間的互動，那麼周遭的環境，聲音和味道，就會突然消失，只剩下交談的話題。

你的感受完全在你注意的焦點上。開朗和消沉的人之間的差異，並非前者從不感到低落。他們也會，只是他們知道持續心中的想法只會使自己心情更低落，便轉移注意，不快的心情也就消失。

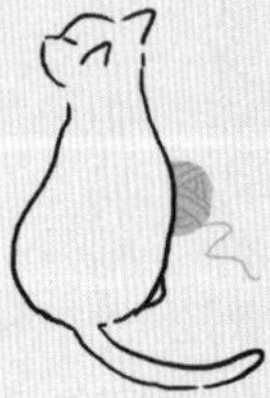

靜下來，一切都會好起來

你是否曾經注意過，當你遇到問題時，無論那是生活或心理問題，你會怎麼做？你會花很多時間想這個問題，當你不斷想著這個問題時，常常就是找不到答案。然後你把問題丟到一旁，去散個步，睡個覺：突然答案就這麼出現了。這是怎麼回事？

有一句話：「湖水攪動，一無所見；湖水靜默，一覽無遺。」，在心緒起伏不定、心思散亂的情況下，看問題會變得困難又複雜；而當你的心變得沈靜時，許多事就會清楚明白，問題自然迎刃而解。

當一個人反覆不停的想一個問題，就是我們所謂的煩惱，不是嗎？那麼，煩惱要如何才能消除？只要別再製造煩惱就好。

人們老愛想東想西，很少人真正了解思考的本質。為什麼左思右想？為何不斷苦思？

那是因為你不了解，如果你已經了解，需要去想嗎？好比一個盲人摸索著路，有眼睛就不必摸索找路。如果我在黑暗中走路，我必須思考：「哪裡有障礙物？路要怎麼走？」但是如果看得見，有什麼好思考的？一切都很清楚，我還需要去想該怎麼走嗎？

有時我們就是想太多了，反讓自己更加迷惘

所以，當有人陷入困局，感到迷惘時，我會建議：「別多想」。因

為如果你了解，就不會陷入困局了。愛因斯坦說得好：「一個問題的解答，絕不會出自於最初製造出問題的相同了解度。」，有時就是想太多了，反讓自己更加迷惘。

當心情低潮時，同樣「別多想」。因為當你心情低落時，想法多半是否定的，你所看到的都只會消極的；你所想的只會使自己更感到鬱悶而已。

當你心煩意亂，是否觀察過，你會繞著那件事思考。那個問題就變得根深柢固，任何你所思考的，到最後就會變本加厲。你說：「我愈想愈煩，愈想愈氣。」原因就在這裡。只因為你在做一件錯的事，所以更認真的去做也不會使事情變對。

這故事我曾一再提到：佛陀旅行經過一個森林，那天非常熱，又是中午。佛陀覺得口渴，就告訴弟子阿難：「剛才我們經過了一條小河，你去取些水來。」

阿難往回走，但是他發現那條小河非常小，之前又有些車子經過，把溪水弄得混濁不堪，水不能喝了。他回到佛陀身邊，告訴佛陀：「小河裡的水很髒，還是換個地方再找找。」

佛陀說：「不會，你再去看看。」

阿難只好照辦，當他第二次回來的時候，阿難問佛陀：「您堅持讓我去，但我還是不能做些什麼讓河水變得純淨。」

佛陀說：「你什麼事也不要做，否則你將會使它變得更不純淨。不要進入那條溪流，只要在岸邊等待。」

當阿難第三次來到那條溪邊時，河水變得清澈，泥沙已經流走了，枯葉也消失了。阿難笑了，他取了水開心地回來，拜在佛陀的腳下：「您教導的方法真奇特，您給我上了偉大的一課：沒有什麼東西是絕對不變的，只需要耐心。」

先打理好心情，再處理事情

負面情緒就好像污濁的河水，你能做什麼？你只要坐在河邊，河流在流動，泥沙自然沉澱下來，而枯葉垃圾會順流而下，然後河流會變得完全乾淨清澈。你不需要進到河裡面去清理它，如果你去清理它，反而會將它弄得更濁。

現在試試看，不要去排斥，如果你是沮喪的，那麼就讓自己沮喪，然後看看會發生什麼事。你將會發現你無法一直沮喪下去的。如果你仔細觀看任何情緒都是來來去去，你無法保持同一個情緒。只要你不刻意關注，它便無法久留；如果你不緊抓著想法不放，它自然會消失。

跳脫人生困局的秘訣也在此。有些事，現在的你如果想不通，就別想了；有些困擾，現在如果不能處理，就別處理。不去關注問題，並不是否認問題存在，因為當哪天你「想通了」，那些問題必然還在，對嗎？不同的是，當跳出問題就不會心浮氣躁；靜下來，一切都會好起來。

要如何才能控制自己的情緒？

你無法控制情緒，你都已經成了情緒了，要如何控制？

你要學習的是「看見」情緒。讓自己為一個觀察者，觀看自己的情緒，並且開始意識到你跟自己的情緒是兩回事，你的情緒就會失去力量，不再擾亂你。就像我們看見別人吵架時，自己不會生氣一樣。

任何情緒都不可怕，不必刻意抗拒，只要覺察就好。比方，你生氣了，沒關係，就讓自己生氣，不必刻意壓制；你只需在一旁觀看憤怒，看著它升起，然後慢慢地消退，就像看電視節目一樣，就不會被拉進劇情裡。

只要動機純正，你就不可能做錯

人們一直很在意自己的行動，哪一個是對的或錯的？好的或壞的？我個人的了解是，重要的不在行動，而在你的動機：「你的意圖或目的是什麼？」

例如，有人用銳利的刀割人，如果意圖是傷人，那就是兇手，但如果是外科醫生，目的就是治病和救命。雖然是相同的行為，結果卻天差地別。

再如，很多人想學醫，有人是因為樂於救人，有人則是為了高薪和社會地位；同樣做善事，有人是想被讚揚感激，有人為了得到福報，有人則出於慈悲良善。所以一切行為都要看發心動機。

如果你的發心動機、心態是善，那麼你的言行就是對的；若是你的動機是惡，那麼你的言行也是錯的。當一個人的心意因善的事物而喜悅時，他就是善的；當一個人的心因惡的事物而喜悅時，他就是惡的。這是我判斷的標準。

你是真心誠意，所受的委屈很快就能忘記

有學生問，有些話不吐不快，但又怕得罪人，該不該說？

我說：關鍵在你的動機是什麼？你或許告訴別人的是真心話，你說：「我說的都是真的。」但是在內心深處你想藉那些話來傷害人。那

真話比謊話還糟糕，它不應該被說出來。

注意你的動機。看看你是為了什麼而說？你內在的意圖是什麼？如果你說一句話是出自你的愛心，那麼即使是一個批評也是好的，如果你的用意只是要傷害，那麼即使是真話也是不對的。

當你決定做某件事，同樣往內看你的動機：Why am I doing this（我這麼做，究竟是為了什麼？）

你的動機將會創造出你的經驗。例如，你做事是為了讓自己感到重要、獲得推崇，那麼當你在付出沒受到肯定、未獲感謝時，就會心生挫折與憤怒。「這些人是怎麼了！」你會覺得不平，「我那麼照顧他們，對他們那麼用心，沒想到他們竟不知感恩！」

若是你的動機純正，沒有任何目的，情況就會改觀。不管別人讚美你，還是怪罪你，都不會太糾結。為什麼呢？因為你了解自己，你是出於良善，你是真心誠意的，所受的委屈很快就能忘記。

對人無法感同身受時，可以試著去感受他人的動機

所謂的「發心立願」，就是這個意思。當一個人發現了自己這個心，就不會有其他的心去欲求。這不是理論，也不是觀念，而是真正要向內發現自己的心。

我自己也碰過類似的狀態：好心助人卻幫倒忙；勸人不成，對方老羞成怒；還有病人治療效果不如預期。在那種情況，我當然也會自責。現在我會向內找：只要動機純正，盡力就好。

什麼是動機純正？簡單說，就是以真心善意待人處事。當你與人認識，要想自己可以為他們貢獻什麼，而不是從他們身上獲得什麼。如果

你和朋友在一起，想想：「我的言行如何幫助他們發揮潛能，並提升他們。」當你和客戶碰面，問自己：「什麼是這拜訪的更高目的？我如何對他們的生活有貢獻？我的工作、產品、建議和服務，如何讓這個人得到更多的幫助？」當你常常這麼做，你們的友誼必定提升，事業也會更成功。

動機純正，也是以善意解釋別人的行為。當我們看別人時只能夠看見他的行為，卻看不見動機。憤怒與厭惡經常建立在我們假設他人做了什麼，而不是我們實際知道他們的動機。因此，當你對人不諒解，或是對人無法感同身受時，可以試著去感受他人的動機，很多誤會都得以化解。

我們做事有兩種動機。其中一種動機是由欲望所產生的，在它的背後有一個目的。另一種動機，是由愛或慈善所產生的，在它的背後沒有目的。

在罪惡當中總是有一個目的，當你做一件善行的時候是沒有目的的。如果在善行當中有一個目的，那就是偽善。

情緒可以顯示出，「真正的你」與「虛假的你」。如果你做任何事，是與「真正的你」一致，你就會感覺到喜悅或是正面情緒；反之，當你做某些事，會患得患失，感到後悔或者任何負面情緒，這就表示那只是「虛假的你」，你是有目的的。

對「理所當然」的事心存感恩

常聽一句話叫：心存感恩。為什麼要感恩呢？

當你覺得感恩，能感受到最單純的快樂，凡事都可以看到美好的一面，人生的一切便都顯得很美好。

當你心懷感激時，內心會有一股滿足和喜悅感，將使你生命中每一刻都領受到幸福。

對一切美好的事物心存感激，你會覺察自己擁有的，而非自己欠缺的部分；你會專注在那些美好，而不是不愉快的事。你越去感激，你的抱怨、牢騷就會越少。

感恩是喜悅的種子。你可以多去發掘，每天晚上就寢前，寫下當天讓你值得感謝的三件事，如果持之以恆養成習慣，你會發現越多值得感謝的事，值得感謝的事就會越多。

我們所能真正領受到的，只有自己的感恩

每當我在課堂這麼說，常有人會問：「哪有那麼多值得感激的事情？」

會有這種質疑的人，多半日子過得很平順，才會覺得順理成章；習慣了別人對你好，便認為理所應當。這也正是為什麼需要學習感恩。

有次我跟幾個學生閒談時，一位學生開始埋怨：「我男友都不會幫我做家事、不陪我逛街、不肯接我上下班……唉，我不知道跟他在一起有什麼意思？」

我好奇問：「你們還沒在一起交往之前，這件事都是誰做的？」

學生：「就自己做啊！」

「原本是你自己的事，卻要他幫你做？」我說：「有時候，不是對方不好，而是你要求太多了。習慣了得到，卻忘了感恩。」

我們對人付出時也一樣，不要理所當然認為對方應該回報。如果你那麼認為，那麼就算別人真的報答你，你也只會認為這是他該做的，不需要特別去感謝。你的心態將無法接受到別人的感恩之情。

相反的，如果你的心態是覺得，別人不回報也無所謂，如果他能知恩圖報，那真是一件值得感謝的事情。如此，你自然會很容易覺察到感恩之心。

請留意當你對人心懷感激時會發生什麼事：你會以善意去想那個人，你會做得開心，覺得自己付出是值得的，也會願意做出更多，對嗎？彼此感情自然與日遽增。

學會感恩並樂在其中，讓這成為你的生活風格

我們說一個人富有，不一定是指他有很多錢，而是說他心中有很多感激的對象——感激身旁陪伴的人、感激每一次成長的機會、感激曾經幫過我一把的人等等。也就是說，你對越多的東西感恩，你的生活就會越富有。

我們常說要正面思考，其實不難。只要心中充滿感恩，你的思考和

情緒就不可能是負面的。如同艷陽高照不可能同時又烏雲密布，當你望向美麗的天空，就不可能抱怨地上的泥濘；看到自己很有福氣，就不可能老愛生氣。

這是我很喜歡的故事：有個尼姑，她去拜訪一個村子，那個村子就只有幾戶人家，當天色漸漸變暗，她去到那些屋子前面，向那些村民要求說：「請讓我在你們其中一個人的屋子裡待一個晚上好嗎？」

她對他們來講是一個陌生人，而且她所信仰的宗教又跟他們不同，所以那些村民都關起門，不讓她進去住。

下一個村子離那裡很遠，而且天色已經暗了，她又是單獨一個人。所以她必須在野外度過那個晚上，因此她就睡在一棵櫻桃樹下。

到了半夜，她醒過來，天氣很冷，冷得她睡不著。她往上看，看到所有的櫻花都開了，樹上開滿花朵。月亮已經高掛在天空，月色很美，她感到無比的喜悅。

到了早上，她回到那個村子去感謝那些拒絕讓她住宿的人。

他們問她：「你為什麼要感謝我們？」

她說：「我要感謝你們昨天晚上沒讓我住在你們這裡，就是因為這樣，我才能夠經驗到這種令人難以忘懷的喜悅。我看到了盛開的櫻花，以及皎潔的明月，那是我以前從來沒看過的。如果你們讓我住在這裡，我就不可能欣賞到這些美景，所以真的很感謝你們。」

如果你不懂得感恩，可能整個晚上都在生氣，也經驗不到那麼美的夜晚，這就是感恩的力量。學會感恩並樂在其中，讓這成為你的生活風格，你就能在順境中惜福，在逆境中依舊心存喜樂。

「半杯水」的理論大家應該都聽過。是盯著空的一半，還是有水的那一半，全由你選擇。如果你選擇看空的那一半，必定很難歡喜快樂。感恩，就是提醒我們看到有水的那一半。

每天寫下讓你值得感謝的三件事，當你開始回想，我相信你一定能夠發現一整天裡有不少可以感激的人或事。然而如果你沒有寫下來，很可能沒有意識到，也許不久就忘記。如此，又怎麼可能心存感激？

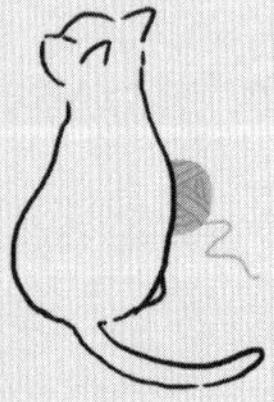

Part 3

關係的本質

關係是一面鏡子，
透過別人，你才能認識真正的自己。
美好關係，不在於雙方有多麼合得來，
而是你們如何接納彼此間不合之處。

你是怎樣的人，決定你如何看待人

張太太請假半年照顧中風的高齡母親，A太太讚揚她孝順，B太太卻懷疑她別有居心，目的是為了分遺產。

吳小姐總是笑臉迎人，對人噓寒問暖，A小姐讚賞她友善、好相處，B小姐卻認為她偽善，很假。

人們看待他人往往是自我的投射，因為我們常習慣「以己度人」。比如，一個心地善良的人會以為別人都是善良的，總也不相信有人會加害於他；而敏感多疑的人，則往往會認為別人不懷好意；經常算計別人的人，就會以為別人也在算計他；常說謊的人也會懷疑別人說的話。心理學家們稱這種心理現象為「投射效應」。

把別人想得很壞，也許壞的是你自己的心

「投射效應」使人們傾向於按照自己是什麼樣的人來看待他人。宋朝蘇東坡與佛印老和尚的故事廣為人知，心中有美，則觀看萬物皆是美，心中污穢，看到的就是垃圾。

你怎麼說人，都顯示你是什麼樣的人；如果你說某人很善良，那會顯示你的善良；你稱讚別人，表示你也有值得稱讚的地方。當你評斷他人時，你不是在定義他人，你是在定義你自己。

歌德有一天到公園散步，迎面來了一個曾經對他作品提出過尖銳批

評的評論家，他站在歌德面前高聲喊道：「我從來不讓路給傻子！」，歌德卻答道：「而我正好相反！」一邊說，一邊滿臉笑容地讓在一旁。

「來說是非者，便是是非人」，你可以看到喜歡道人長短的人，他們自己的心態也都有問題；一個人心存邪惡，就很容易看到別人的錯誤。如果你總是把別人想得很壞，也許壞的是你自己的心。

話說有個人和一個教徒走在路上，剛好看到一位神父走進一家妓院。

那個人聳聳肩膀，臉上露出調侃的笑意，心想這下終於讓我抓到了天主教徒偽善的狐狸尾巴。

但那名教徒看到了這個情景，臉上卻不禁留露出莊嚴肅穆的神情，他驕傲地認為他們的教友臨終時，即使是妓院，神父也會義無反顧地進入為他祈禱。

「投射效應」讓人認為自己有某種特性，他人也一定會與自己相同，總以自己的觀點去揣測別人的想法，「以小人之心，度君子之腹」。

我們審判別人時，其實正在審判自己

「我們所看到別人的醜惡面，正是自己本性的投射。」把這句話牢記著，你可以藉此觀察，下次，當你認識某人，或看見某人就立刻升起厭惡心時，把引起反感的每件事寫下來。要具體而明確，例如：「他不誠實。他很自私。他喜歡占便宜。」然後以此反省，看看你自己是否也有相似之處。作家波頓．賀爾寫著：

我用批評的顯微鏡看哥哥，
說：哥哥顯得多麼粗糙啊！

我用輕視的望遠鏡看哥哥，
說：哥哥是多麼渺小啊！
然後我看真相的鏡子，
說：我與哥哥多麼相似啊！

把別人當成一面鏡子，將使你從「認定別人是怎樣的人」轉而「認出原來自己是怎樣的人」。你對他人的批判就會消失。

當你受到批評責難時，只要明白，別人對你的看法，並不代表你真正的你；他對你說三道四，惡言惡語，是顯露他，而不是你，內心自然豁達開朗。

有一句古老的法國諺語這麼說：「如果你生氣了，你其實是在對自己生氣。」

別人身上的負面特質會激怒我們，往往反映我們也有相同的特質；別人最讓我們討厭的地方，通常是我們最受不了自己的地方。當心中產生自我否定的意念時，就會遷怒他人，每一件事都可能變成你憤怒的理由。並不是說每一樣東西都是錯的，而是你會投射，你會把隱藏在自己內在的不滿投射到別人身上，即使是一點小事也能引燃怒火。

讓你受傷的事，都會讓你更了解自己

如果有一個瘋子對你謾罵，你有何反應？你不會理會，因為你知道他是瘋子。但當有人批評你、責罵你，你就會被刺激、被惹火。有人說你無知，你很氣；說你無能，你更火，憤怒成了唯一的反應。你是否曾靜下來想過，自己為何如此生氣？

有人說你是酒鬼，如果你不喝酒，你會生氣嗎？當然不會，你會懷疑這個人「他在胡說什麼？」然而如果你很愛喝酒，甚至視酒如命，那麼當有人這麼說，你就覺得憤怒。因為戳到你的痛處，對嗎？

例如，你認為自己的長相不好看，當有人數落你說，「你也不去照照鏡子！」他的話讓你意識到自己的長相，你就覺得受傷與憤怒。或者你一直對自己沒自信，當有人批評，「你真沒用，這點小事都做不好？」你就會受到打擊或加以反擊。

我們總認為傷痛是別人造成的，尤其是當你覺得自己受到批判時。然而如果它已經成為你生命中的模式，如果有一個傷痛一而再、再而三地出現，那它肯定是自己的問題。

有問題的不是情緒，情緒是指出內在的問題

我們每個人都有一些過去的傷痕，這個人的傷可能來自失敗挫折，那個人的傷可能是覺得自己沒用、不值得被愛，或者其他無法釋懷的痛

苦記憶。

一個曾被狗咬的人，只要一看到狗走過來就會恐懼不安；一個被羞辱過的人，只要再聽到同樣的話，憤怒的情緒一下子就升起；一個受過傷的人，會變得很敏感，無論是一個刺激、一個事件，或一個人際互動都可能引爆。被傷得越厲害，就越敏感越容易情緒化。

因此，當別人的話語觸發了我們內心的悲傷與憤怒，別急著反擊，也別太防衛或解釋，要去檢視它們：「這傷痛是怎麼引發的？為什麼我會如此受傷？」，開始向內看：「為什麼我會有這樣的反應？自己是否如對方所說？是否自己過於敏感？還是自信不夠？或是這個情境勾起我的過去傷痛？」

人不是不能發脾氣，而是要了解自己到底在氣什麼？情緒本身不是問題。如果情緒出了問題，有問題的不是情緒，情緒是幫我們指出內在的問題。

那個人只是按下那顆「按鈕」，讓你的舊傷復發

任何別人讓我們受傷的事，都會讓我們更了解自己。

奧修說：「如果某人侮辱你，你要感謝他，因為他給你一個機會去發覺你深處的創傷。那個創傷或許是你一生中所遭受到很多侮辱所形成的，它並不是所有這些痛苦的肇因，它只啟動了那個開關。」

要知道，你受到什麼傷害並非對方造成，那個人只是按下那顆「按鈕」，讓你的舊傷復發。如果你以其人之道還治其人之身，那你就是在逃避面對自己內在的傷痛，這情緒將一直纏擾著你。

同樣，當有人對你發火時，也試著去理解，很可能是你啟動了那個

開關。別人所作所為，也是來自他們的過往經驗與際遇，當我們用這個角度看待，就會釋懷。

想起年少時，曾在路上見到一隻狗被車撞倒，我向前想把牠拉到路邊，沒料，牠竟向我咆哮，還想咬人，「真是好心沒好報」。後來我才明白，動物受了驚嚇常會有這種反應，牠們並不是想傷人，而是怕自己再受到傷害。

有人攻擊你，對你惡言相向，往往也是因為他們曾在某處受到打擊、羞辱、或受到傷害。所以，當有人的言辭傷害你，請保持鎮定，這些話是出自於他們受傷的心。如果他們表現粗暴無禮，也請你按捺下來，用心感知他們內在的傷痛。當理解之後，譴責便消失，寬恕諒解就容易多了。

負面情緒源自於尚未化解的衝突傷害。例如，你現在對某人憤恨。這是因為你「過去曾經憤恨某些人事物之體驗」的記憶被重播的緣故。

所有情緒的問題，全是記憶的重播。人們可能到九十歲還一直重複同樣的傷痛模式，純粹因為存留著九歲時的記憶。

除非我們好好傾聽它、感受它，它才會消失。比如，你現在感到受傷，覺知到傷痛的存在，接納它，允許自己去經驗與感受那份傷痛。當內在的傷痛得到關照，心才能獲得療癒。

如果不能放下，問題將會持續不斷地發生。

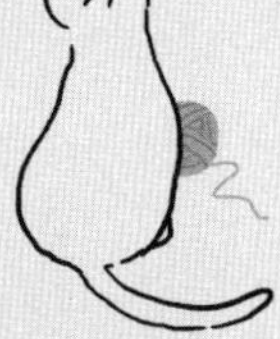

你要感謝這面鏡子，不是去責怪

關係是一面鏡子，透過它們，我們才能認識自己。在關係裡，我們全部的情感都會顯露出來，無論是正面的或負面的，快樂的或不快樂的，在與他人密切的接觸、互動中，會不斷觸發情緒，讓我們看見自己。去瞭解他人的感覺、想法，你也更瞭解自己，這就會有自知之明。

當我們越深入關係當中，或是越深入愛當中，就能夠瞭解得越透徹。因為當你與人越親密，就越難隱藏自己。你會赤裸裸的展現自己的真面目，你可以看見自己的自私、嫉妒、焦慮、恐懼、矛盾、憤怒、痛苦以及內在的真相，你會發現一個從來沒有被認識的自己。

運用鏡子概念，別人也就成了我們最好的借鏡，你在他人身上看到你自己。例如，當你說：「你都不體諒我！」，也許你也不體諒對方。你說：「你為什麼不替我想想？」，也許你也沒替對方想。你說：「你都不在乎我的感覺！」，也許你沒在乎自己的感覺。當你說：「你應該去照照鏡子？」，也許你也應該去照照鏡子。

由對他人的不快中，可以得到自我省察的機會

心理學家榮格說：「由對他人的不快中，可以得到自我省察的機會。」，如果你覺得朋友總是不尊重你，很可能你也沒有尊重自己；如果你責怪別人沒擔當、沒責任感，很可能是因為你也不想擔負責任；當

你批評某人易怒、無理取鬧，很可能也是由於你自己生氣時會變得不講道理。

有個朋友常換工作，他納悶不解：「為什麼我總是遇到脾氣暴躁、又自以為是的老闆？為了不想再看到這樣討厭的人，我才換工作，沒想到，現在的老闆竟然又是一個自以為自己什麼都對的人，我怎麼會這麼倒楣？」

我坦白告訴他：「你不覺得自己也是脾氣很大，自視甚高嗎？」

想想看，當你很氣對方總是自以為是的時候，是否正代表著你也認為「自己一定是對的」，否則怎會如此生氣？當你不斷挑剔別人的時候，注意一下，你的內在的聲音是否不斷挑剔？你是否用批判的眼睛在看這個人？

明白這一點，以後當某些問題在你關係中出現時，你可以對自己微笑說，「哦，我明白了。我會遇到這問題，是要給我看見並處理自己的問題。」

有位力圖挽回婚姻的先生這樣反省自己：「我是如此的固執，但我從不承認。後來，當我開放心胸接受別人的意見以後，我才看出自己的固執。」這就對了！你要感謝提供真相的這面鏡子，而不是去責怪。

換再多的鏡子也無法改變你的長相

在每一份關係的危機裡，你能更看見自己，因為你與別人連結的方式就是你與自己的連結方式。如果你心中有傷痛，那麼你也會傷害別人；你心中有扭曲，那麼你也會扭曲別人；如果你內在的情感很紛亂，那麼你與別人的情感也會混亂；如果你不斷與自己內在衝突，那麼你也會不斷在生活或與別人衝突。你在生活和感情中所遭遇的問題，就是你內在的問題。

你與人相處的狀況，可以顯示你的現況。如果你對現況不滿，反映的是對自己以及整個人生狀態的不滿。所以，當有人問我要如何改善關係，我總會告訴他們：「首先你要深入內心，你必須把內在的問題先解決。」

多數人想改善關係，所用的方法都是企圖改變別人，他們不喜歡在關係的明鏡上看到自己所映照出來的樣子，因此努力遮掩，甚至把鏡子砸爛，但這樣有用嗎？當然沒用，除非你已經把一件最根本的問題處理好——你自己，否則你就永遠不可能把關係搞好。

記住，關係中的他人不論是換成誰，換了幾個，都不重要。如果你還是老樣子，換再多的鏡子也無法改變你的長相。

詩人洛德説得對：「有些人坐等事物自行改變，結果什麼也沒發生，於是他們只好改變自己。」不管任何關係，一定有自己的存在，所以，不要光想著去改變別人，先搞定自己不是比較容易嗎？

想改變別人，先改變自己；要讓事情變得更好，先讓自己變得更好。你先對自己有信心，然後才能信任別人；你先接納及愛自己，然後你才可能去愛別人；你要對生命表現出喜悅與熱情，人們會想和你相處，因為他們可以感受到你的喜悅與熱情。當你與自己的關係品質越好，就越能提升與他人的關係。

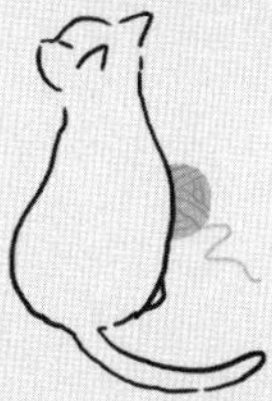

我們愛上的，是自己的「想像」

每一段感情都終止於希望的幻滅，難道你沒有發覺到，每一段感情走到最後都讓自己陷入悲傷和沮喪，還帶著一種被欺騙的感覺？

我們以為自己愛錯了。其實，我們愛的並不是那個人，我們愛上的，是自己的「想像」。如果你還沒有真正瞭解對方就愛上，那麼，你愛上的是自己的想像。當彼此拉近了距離後，逐漸發現那些美好不過是虛幻的假象，所以「因了解而分開」。

相愛看的是對方的優點，相處卻要包容對方的缺點，那就是為什麼

「相愛容易相處難。」

《亂世佳人》中，郝思嘉如是說：「我愛上自己一手編造的東西。我縫製了一件衣裳，並愛上了它。當衛希禮出現時，我把那件衣裳硬往他身上套，不論合身與否。我不願看他真實的模樣，我愛的一直是那件漂亮衣裳，根本不是他本人。」是啊，誰能為你量身訂作？

詩人扎西拉姆．多多說得更直白：「你愛的不是我，你愛的是：你對我的想像，所以我實在無法奉陪；你恨的不是我，你恨的是：你對我的投射，所以我的確愛莫能助。」沒錯，誰能滿足你的想像？

如果有人一直想改變你，你會覺得「被愛」嗎？

與你在一起的人，並不完美，我相信也沒有人是故意不完美的。每個人都表露出自己本性，你也表露出自己的本性，這並沒有什麼不對。如果個性不合就無法相處；不配合就對愛失望，覺得被背叛，那是對愛的誤解。你愛的人，並沒有背叛你，他只是做他自己，如果你因愛而受傷害，那是你背離了愛。

真愛從來不會受傷害，會受傷害的是錯誤的期待。如果你無法體認這點，那個傷害永遠都不會結束的。

有位讀者寫信給我，信中盡是對先生的失望和憤怒，多年來，她已經用過各種辦法，但是他還老樣子，「我該怎麼做？」

「什麼都別做了，只要做自己。」我告訴這位受傷的女人，「既然他一直是那樣，何以你每次還是會為他的言行感到氣憤？這麼多年都過去了，為什麼你還期待他會改變呢？」

「因為愛他，才會希望他變得更好，難道有錯嗎？」一直以來人們就是這樣弄錯的，他們以為改變對方是因為愛。試想，如果有人一直想改變你，你會覺得「被愛」嗎？

愛爾蘭作家王爾德說過：「需要我們來愛的，並不是完美的人，而是不完美的人。」

如果你發現你所愛的人有什麼你想批判的地方，請明白那也是你最能包容和支持他的地方。如果你無法包容和支持，甚至還批評責難，你怎麼能說你愛他呢？

會失去的，終究來說都是幻覺

真正的愛，首先是尊重和接受對方本來的樣子，而不是要改變對方成為你要的樣子：「我清楚你擁有自己的喜好，獨特的思想、不一樣的性格，而我愛的就是這樣的你。」，在愛當中，雙方都完全覺知到彼此是不同的。

美好關係，與其說是遇到一個能讓欣賞自己優點的人，倒不如說是是找到一個願意包容自己缺點的人。相處之道，不是磨抹掉或改造對方的風格，而是成全雙方的真實自我。關係和諧，也不在於雙方有多麼合得來，而是你們如何接納彼此間不合之處。套句美國男影星羅賓・威廉斯的話：「她不完美，你不完美。問題在於，你們二人對彼此來說是否都最完美。」這才是重點。

記住，你愛的是一個對象，不是一個偶像。如果你因愛的幻滅而自怨自艾，驅散你的自憐吧！真心愛人絕不會失去，你絕對不會失去真正屬於你的東西，會失去的只是想像罷了。會失去的，終究來說都是幻覺。

《亂世佳人》故事的尾聲郝思嘉這麼說：「我一直愛著一個不存在的東西。」她藉此勇敢地提示：「我不再為幻影所苦，我要為自己所編造的東西負責。」，一旦為自己負責就不會再指責別人，接受現實便從愛的幻覺中解脫。

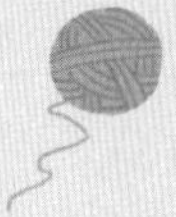

人們相愛卻彼此傷害，就像想拔除玫瑰花上的刺卻反被傷，直到自己把注意力完全放在玫瑰刺上面，而忘了當初是如何喜歡玫瑰的。

每一株玫瑰都有刺，正如每一個人都有你無法容忍的部分，愛護一朵玫瑰，並不是努力把牠的刺根除，而是學習如何不被它的刺刺傷，還有不讓自己的刺刺傷所愛的人。

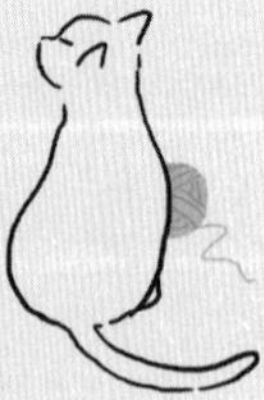

你因愛而受苦，是你偏離了愛的本質

人的每一個願望當中，最根本的願望只有一個，就是對愛的渴望。看看你出門費心挑衣，畫眼線塗指甲，打扮得漂漂亮亮。這背後的想法是什麼？是不是覺得如果你能更漂亮些，就會得到更多的喜愛？你在乎別人的看法，想獲得認同，犧牲自己配合他人，也是想得到更多的關愛，對嗎？你與情人爭吵，向父母抱怨，對朋友哭泣，其實都是渴望得到更多的愛。

為什麼渴望被愛？因為在內心深處你不相信自己是被愛的，即使當你真的被愛，你還是對失去愛感到恐懼；尤其是主動去愛卻受傷害後，更不願多付出愛。然而，當你選擇了「被愛」，卻忽略了「去愛」，最後連「被愛」也會失去。

每個人都渴望被愛，但大家最欠缺的就是愛

有個女孩因為感情上受過傷害，好久不敢再接受新的感情。直到一個男孩出現，他對她好，她也明白他的好；他讓她感動，但她卻不敢行動。最後女孩前去一位心理醫師，尋求幫助。

「我不知該不該再愛一次，愛情讓我害怕！」

心理醫師聽了她的困擾，就問：「妳會害怕和他在一起時的快樂嗎？」

女孩明確地回答：「不會！」

心理醫師點點頭，又問：「那妳會害怕他對妳的關心照顧嗎？」

「當然不會！」

心理醫師接著再問：「那你會害怕他把妳放在心上嗎？」

女孩回答到：「也不會。」

心理醫師滿意的笑了，說：「你不是害怕『愛』，而是害怕『給』。孩子，能付出的那一個，才不用害怕受傷啊！」

女孩聽了心理醫生的結論，恍然大悟，微笑著離開診所。

愛最大的問題，就是每個人都渴望被愛，但大家最欠缺的就是愛。所以在愛裡面，人們感到受傷、挫敗、氣憤，每個人都覺得受騙。

當你愛著一個人，如果是為了得到對方回報，這段感情也將成為一種交易，讓你患得患失。你並不是因為付出而受傷，而是期待回報的心讓自己受傷。心若不甘就覺得自己受騙，甚至由愛生恨。

你覺得愛錯，那是因為你帶著錯誤的想法去愛，你以為的愛，其實常常是恨，只是你沒有意識到。

性靈導師克里希那穆提有一段話，講得非常清楚：「仇恨產生的根源，在於我們缺乏真正的愛，恨的過程也是不去愛的過程。我們往往不知道自己的行為是在製造仇恨，甚至把仇恨當成愛。」

當你心存恨意，有一點想報復的念頭，就表示你並不愛這個人，你真正愛的是自己，愛的是「被愛」的感覺，而不是那個你所愛的人。

被愛的感覺很美好，但好好去愛更美妙

你知道愛是什麼嗎？你愛一朵花、一隻貓、一隻小狗，一個剛出

生的寶寶，即使他不給你任何回報，不跟隨你，不配合你，你也會去照顧、欣賞、關愛，這就是愛。

當你心中有愛時，你就擁有愛，不是別人給你愛，而是你心裡，你內心本質就是一個愛的狀態——一種溫暖、平安、和諧、喜悅和充滿希望的美好體驗。很少人知道我們尋找的，其實就在自己身上。

當我們愛上某個人，為什麼會覺得美好喜悅？因為我們在這個人身上發現了自己失落已久的愛，就像母親看到剛出生的寶寶第一次見面時，那種心滿意足。所以當你去愛的時候，不要心存你是在為別人做什麼的想法。當你愛的時候，收益的人是你自己。因為對方的出現，讓你產生愛的感覺；因為對方的存在，讓你體驗到什麼是愛，體驗到生命的光彩。

被愛的感覺很美好，但好好去愛更美妙。沐浴在愛裡，我們敞開心房，所以能感受到自己內在美好的一面。就算人家不接受你的愛，或是愛人為了某些原因而離去，我們原來美好的潛質依然存在，只是心房不再打開，無法展現出美好的一面。

我們也不可能失去愛，因為我們的本質就是愛。如果你因愛而受苦，那是因為你離愛的本質愈來愈遠。

愛是人類的本源，當我們去愛，我們內心充滿溫暖、喜悅和希望，那是因為我們找到了自己。失去了愛之所以讓人痛苦、絕望、悲傷，那是因為我們失去了自己。

我們最初的愛是無條件的，顯示出來的就是單純的愛；然後，我們有了期待，顯示出來的就是期待；當期待落空我們憤怒，顯示出來的就是憤怒……在每一個當下，你都透過愛來體現自己；我也是這樣，透過愛來認識自己。

如果你的愛為你帶來的是不滿、是怨懟、是憤恨，是一再重複負面的模式，那就表示你的愛並不是愛。

你愛的，是自己在愛裡的樣子

愛情，是自私的？沒錯，這回答很殘忍，但事實就是這樣。「愛」也許是無私的，「情」卻是自私的。

你愛上某人，愛的感受是來自你自己，與對方完全無關。你或許沒有經過對方的同意，你就喜歡他、欣賞他。你愛他，其實完全不甘他的事，除非他也愛你。

你們愛的都是「自己所愛」。因為對方很美，身材好，很有錢，或是很體貼，他對你很好，百依百順……。對一個你不喜歡的人，又怎麼可能去愛，對嗎？

男女之間，愛的時候你儂我儂，恨的時候你死我活。因為愛的雙方，愛的都不是對方而是自己。當對方順著你時，你自然愛著他。但他不順你的心，不合你的意呢？你就不滿，就厭惡生氣。愛情並沒有你想的那麼「偉大」。

「因為愛你，所以才責罵你」、「因為愛你，所以才想要改變你」，你覺得這是「愛」，這又搞錯了。愛，是愛他本來的樣子。基本上所有表面上說是為了他人的行為，實際上都是為了自己。

當愛人離你而去，你傷心難過，你也是在為自己難過。因為當他離去時，沒有人能夠關心你，陪伴你。你說：「我不想失去他，沒有他不行。」，你緊抓著不放，其實是放不下自己。你愛的，是自己在愛裡的樣子。

她找到自己的幸福，你為什麼痛苦？

曾有位學生跑來找我，他的女友移情別戀，他感到傷痛不已，久久無法釋懷。

我問他：「你還愛她嗎？」

「當然，」他說：「如果不愛她，怎麼會如此痛苦？」

「好，」我給他一張紙，請他寫出為何感到痛苦的原因。他寫道：我很愛她，我不能沒有她。我對她那麼好，她卻背叛我。我本來想跟他一輩子廝守在一起，但現在一切都成空。我不知道我是否能再像愛她一樣的愛別人。

然後我們開始討論他寫的，我說：「我們來看看你所寫的，都是你的想法，不是她的。很顯然，她無法滿足你的需要和期望，這就是你痛苦的原因，對嗎？如果你愛她，而她找到自己的幸福，你為什麼痛苦？你應該給予祝福，如果你無法祝福，那你愛的不是她，而是自己。」

真愛本身不會導致痛苦與傷害。如果你為愛所傷，靜下來想想：

是否自己期待太高，欲求太多？

是不是太依賴對方？

是不是自己的自私？

是不是為了自己？

大多的難過是出於自身的失去，而不是他人的離去

我曾與一位傷痛的學生談過，她的母親心臟衰竭死亡時，她人還在

學校，因此沒有機會向母親道別。她哭了好幾個月，甚至陷入嚴重的抑鬱狀態，把自己與家人、朋友隔離。她說她很痛苦，不想再這樣下去。安慰她之後，我同樣給她一張紙，請她寫出為何感到悲傷的原因。

她寫道：我們深愛著她，我好想好想她。她在的時候，會陪我談心，聽我訴苦，對我噓寒問暖，還會煮我愛吃的東西。想到她死前所受的苦，我就心痛。

然後我們開始討論她寫的，我說：「從你所寫的，可以發現你母親對你非常疼愛，而這也是你痛苦的原因，對嗎？因為失去了她，也失去了她給你的溫暖和關愛。你其實不是為她，而是為自己感到悲傷。你心疼母親為疾病所苦，但現在她不再受苦了，你為什麼難過，你是在為自己難過，對嗎？」

大多的難過都是出於自身的失去，而不是他人的離去。眼淚的源頭總是「自己」，認清這一點，即是走出悲苦的第一步。

印度的《奧義書》中說：「你對妻子的愛不是因為她的關係，而是為了自己的緣故，你透過她來愛你自己。因為她為你帶來快樂，所以你愛她，但是內心深處，你愛的是你自己的快樂。對你兒子、朋友的愛也是如此，你的愛不是因為他們，而是因為你自己，因為你兒子使你快樂，你朋友帶給你慰藉，那才是你所渴望的。」

你說：我愛兒女，我愛我太太，我愛我先生，我愛這，我愛那。其實你誰也不愛，你只愛自己。你愛的是自己需要與想要的，你愛的是他符合你的期待，你愛這個人是因為他愛著你；一旦對方背道而馳，所有的愛就消失不見。

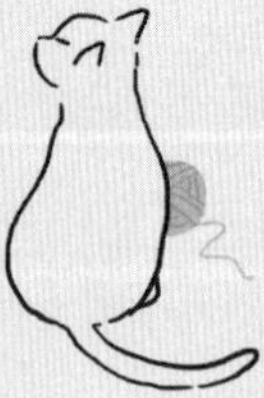

Part 4

生活的本質

生活中所有的美好都不是看到或聽到，而是感受到。
活在當下，全心全意感受生活的點點滴滴。
正因為這些無可取代的經驗，造就獨一無二的你。

人在心不在，所以無法享受生活

常聽人說，能夠喝杯咖啡、聽音樂，或散散步，就很享受。為什麼我沒感覺到？

因為你沒有活在當下。隨意找個人問問：「剛才吃飯時在想些什麼？」、「睡覺前你在想些什麼？」肯定多數人都是人在心不在。前一刻，我們專心吃一口食物；到了下一刻，聽到旁邊的人說話，這時我們已經不在品嚐食物的味道。接著我們又看著電視，而沒有注意剛剛吞下好幾口。

當你喝咖啡時，你並沒有在品嚐，你腦子掛記辦公室、家裡的事，或忙著用手機上網跟朋友在臉書上聊天。你聽音樂時，同樣一心多用，而錯過了美妙的音樂。出門散步時，你人到心卻沒跟著到，心思被其他事情佔據。你聽不見周遭鳥兒的歌聲，看不見身邊的自然之美，忘記去感受當下的美好，這就是為什麼享受不到生活。

越南佛僧一行禪師的話真是給我們的當頭棒喝：「洗碗時，你也許會想著待會兒要喝茶，因此盡快地把碗洗完，好坐下來喝茶。但是，那意味著你在洗碗時，根本沒有活在當下。在你喝茶時，仍然會想到接下要做什麼，對茶無法細心品嚐，也失去了品茗的樂趣。你將永遠無法活在當下」。

專注投入，小事也會變得「很有感覺」

感官是學習活在當下的開始，因為它不可能活在過去，也不可能活在未來，它只能忠實地體驗當下這個片刻。

試試看，泡一壺茶，先聞一聞淡雅的茶香，喝一小口，感受茶水經過味蕾，擴散到嘴巴喉嚨的餘韻甘甜。吃東西前先聞一聞，因為味覺有一半來自嗅覺。然後吃一小口，細細咀嚼，深入品嚐它的滋味，這樣的話，只有很少的食物就能使你很滿足。

到公園裡，閉上眼睛，用心地聽。聽見風聲了嗎？微風吹拂樹林發出什麼聲音？想像你是一棵樹，風吹來，你會怎麼搖擺？鳥兒在樹上跳躍，會不會癢？再聞一聞，是否有一股清心的香氣呢？

接下來，脫下你的鞋襪，閉上眼睛，赤腳走在草地上，感覺你的能量流經你的腳，通過你的腳到地面上。然後靜靜地站著，根植於地，感覺你的腳與地面的交流，一旦感覺甦醒過來，心也將跟著活了起來。就像當你的手臂或腿麻木後，再度恢復知覺。

停下腳步，靜靜的觀賞一隻採蜜的蝴蝶、織網的蜘蛛，或是迷了路的甲蟲。心慢下來，呼吸慢下來，你的心也跟著靜下來。

集中注意力，全心全意投入你正在做的事。然後，覺察身邊和內心所有細微的變化。你會發現這些再簡單不過的小事，頓時變得「很有感覺」。

花開，如果你不懂得欣賞，不久就謝了

一行禪師寫了一段如何品嚐好茶的要訣。

首先必須完全專注於當下，才能享受這杯茶。唯有當下覺醒，你的手才能感覺到茶杯那宜人的溫度。唯有在當下，才能品味那香氣，品嚐那甘甜，欣賞那滋味。如果正在沉思過去或著擔憂未來，將完全錯失享受一杯好茶的經驗。待你低頭看茶杯，才發現杯子早已見底。

人生也是如此。不在當下，基本上就沒有真正在活，因為每個瞬間都是我們的人生。花開，如果你不懂得欣賞，不久就謝了。當我們漫不經心，錯過了真實的剎那，人生已然從身邊匆匆掠過。

有天早上我醒來仰望天空，發現天藍得像一汪海水，幾朵悠悠的白雲，還有成群飄逸的飛鳥，構成了一幅絕好的水墨丹青。真美！我慶幸自己沒錯過，否則這份美好也等於不存在。

很多人在臨死前，常會對自己一生感到莫大的遺憾，覺得自己白活了，如果能重新開始，一定過「完全不一樣」的生活。因為他們錯過了體驗、錯過了歡樂、錯過享受、錯過了美好人生……怎麼就這樣結束，當然遺憾。

你到一個地方，首先你要問的是：「我為什麼會在這裡？」然後，接下來你要問一個更根本的問題是：「你在不在這裡？」我指的不是「你的身體」，而是你的「心」，是不是在你所在的地方？

當我們一邊和家人説話，同時眼睛瞄著電視，心想著其他事或滑著手機，怎麼可能會有真正的情感交流？

我們出去用餐旅遊，人在心不在，如何享受？如何得到滿足？
青山綠水，鳥語花香，如果我們視而不見，大自然的美又有什麼意義？
荷塘月色，彩霞星斗，如果我們對美好的事物都無感，人生又有什麼樂趣？

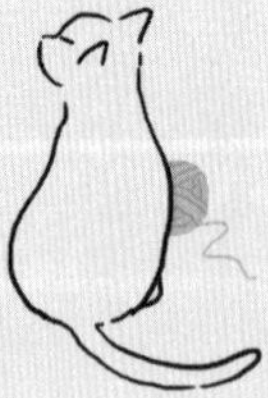

全然的處在當下，快樂不請自來

每當心情煩躁時，你能怎麼做？你能努力平靜下來嗎？很難，因為想控制的人是誰？正是心煩意亂的那個人，你愈努力往往愈陷其中。

當某人或某事讓你痛苦，你想把它們忘了，你說：「我再也不要去想那個人和那件事了。」，但每次你提醒自己不要「再去想」，你其實已經「在想」了。

試想，如果我對你說了下面這段話：「不要去想酸梅，不要去想酸梅刺激的口感。」當我不斷地提醒你，你會想到什麼？是酸梅，甚至還會流口水，對嗎？

負面情緒，表示你已不在當下

所以，每當有人問：我經常胡思亂想怎麼辦？怎樣才能阻止負面思想和情緒？怎樣才能在它一出現就把它除去？

我都會建議：學習活在當下。因為活在當下就不可能思考，可想的，都是過去或未來的事。你怎麼能夠「想現在」呢？你已經在現在，要怎麼想？

每當你徹底經驗一件事時，你是無法思考的。如果現在你正專心看這本書，你會想到任何困擾、怨恨、難過的事嗎？那是不可能，如果有，就表示你已不在當下。

就像電燈開關一樣，當你在感覺的時候，你的思考就停止；而當你思考時，就不再感覺。譬如你走進了一座美麗的樹林，深深被迷住的那個當下，沒任何思考，你感到輕鬆愉悅。然後，當你開始去想自己生活的問題；你沉浸於自己的念頭裡，突然間，愉悅感覺也跟著消失。

再如，你看表演或電影看得入神，當下除了劇情之外，你完全忘了所有的事情，相信每個人都有過經驗。你忘了自己的工作和學校的功課，忘了你來之前在做什麼，還有之後準備做什麼。你意識不到身旁的人，也意識不到身在何地，還有所有的問題。沒有念頭、沒有想任何事，就不可能心煩意亂。

只要專注你正在做的事，苦惱就進不來

人們常說：活在當下，內心自然會感到平靜和喜悅，道理就在這裡。

人很怕單獨一個人，因為單獨的時候容易胡思亂想。人們喜歡社交娛樂，因為歡樂時，思想會停止；歡笑和思考不可能同時存在，當你笑的時候，突然間煩惱都消失了。

作家萊斯特．雷文生是個明白人，他說：大多數人藉由社交與娛樂暫時脫離苦痛，然後說這是快樂；其實只是逃避而已！他們受不了孤獨一人、受不了跟自己的思想獨處，所以跑去看電影、上夜店、找朋友，只是希望能有點事可做，這樣就不必面對自己的雜念。當他們的注意力不在自己的思想念頭上時，他們會感覺好一點，然後把那種狀態稱為快

樂。

其實有更簡便的方法，只要把焦點放在你正在做的事情上，苦惱就進不來。

有一群年輕人到處尋找快樂，但是，卻遇到許多煩惱、憂愁和痛苦。

他們向老師詢問，「快樂到底在哪裡？」

老師說：「你們還是先幫我造一條船吧！」

年輕人們暫時把尋找快樂的事放到一邊，找來造船的工具，用一整個月，鋸倒一棵又高又大的樹；挖空樹心，造成一條獨木船。

獨木搬下水，年輕人們把老師請上船，一邊合力蕩槳，一邊齊聲唱起歌來。老師問：「孩子們，你們快樂嗎？」

學生齊聲回答：「快樂極了！」

老師道：「快樂就是這樣，它往往在你專注在做事情時突然來訪。」
當你全然的處在當下，就會發現，快樂不請自來。你可以試試！

假如你做事心有旁騖，做起事來八成不會太愉快，而且會覺得好像永遠做不完似的。如果專注手頭上正在做的事，時間會彷彿靜止一般，往往好幾小時溜過而渾然不覺。

我們人生中，有半數時間在為已發生的事情懊悔難過，另一半的時間在為未發生的事情擔憂煩惱。實際上只不過是杞人憂天、庸人自擾。

我們一直想要脫離苦惱，卻從未奏效。何不反其道而行——去做能讓自己快樂的事，苦惱將自動放下我們。

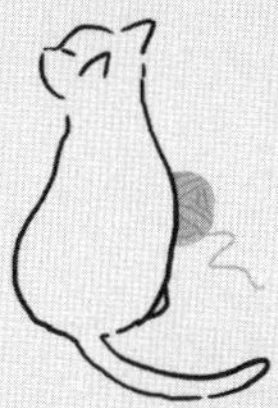

你不知道自己擁有什麼，直到你失去了它

人一輩子都不斷的在追求，總是想要這想要那。我聽見許多人談到未來，他們想加薪、想升遷、想換車子。我聽見學生想要更多的自由，伴侶們想要更多的關心；一位年輕的女子說，她想要割雙眼皮，還希望自己胸部大一點。一位母親說，她想讓孩子多學一點，下課除了補英數外，還安排上三種才藝。

在醫院正好相反，我每次聽到受到重創或失去親人都跟我說，他們什麼都不要，只希望能回到以前就好：「我常抱怨我媽給我傳太多簡

訊，但我現多麼渴望能再收到她傳來的簡訊……」、「我突然很懷念我先生（太太）的嘮叨……」、「如果我能再聽到我孩子在看電視咯咯笑就好了……」。

一個剛考完段考自殺的學生，他母親在急診室嚎啕大哭：她很後悔，自己太過嚴厲的逼迫孩子，只是她的孩子再也回不來。

一位很愛美的女孩，在得了癌症後，放化療的過程讓她吃足了苦頭，惡心嘔吐、脫髮，原本美麗的臉也漸漸腫脹，她說，我現在只希望自己能活下來就好。

還有一位車禍的病人，經過幾次手術和復健後，他說，原本我想要的只是能夠走路。卻辦不到。然後我想要只是能夠有知覺。還是沒辦法。最後，我放棄了。現在想要的只是能夠自己尿尿，而你知道嗎？現在連這個也無法實現。

能健康平安就好，其他的什麼都可以不要

我曾讀到一篇文章：如果給你一個想像題：在你生命最終時，你「最後想要」的是什麼？

文章中寫道，有個懷孕五個月的媽媽，冒著骨癌的危險，打算生下孩子。就在她做婚前最後一次航海旅程時，她遭遇海難。在生命危急之時，她禱告著：「上帝！我不再跟你要求什麼了，只求你讓我的孩子活下去。」

還有一位學者，他抗癌多年，癌細胞奔竄在他的血液裡，肝肺臟裡，骨髓裡，腦子裡。他想：「所有的名利，現在對我來說都是可笑的事情。如果能夠，我願平平靜靜的過日子，寫寫東西，看我的孫女長大，帶她上學。」

有句歌詞這麼說：「你不知道自己擁有什麼東西，直到你失去了它。」，每天平平安全，身旁的人都在，我們不懂得珍惜，等有一天生了大病、遇上災難或失去這一切，就會明白。

你到醫院去看看，有多少人每天面臨生死關頭，受病痛折磨，有人肢體殘障，有人孩子一出生就不健全，有人吸不到下一口空氣……我們已經很幸福了。

九一一恐怖攻擊事件之後，在加州擔任身心精神科的朋友告訴我，幾個月接受諮商門診的人數明顯少了很多。因為和那些死去的人相比，自己的悲傷與煩惱又算得了什麼？在巨大的災難之後，倖存者因而發現自己的幸福。

大多數美好的事物，都是驀回首才驚然發現

在這一刻，你可能認為得到某個東西是必要的。然而如果你得知自己生重病，或愛人發生災禍，一定只希望能健康平安就好，其他的什麼都可以不要。

一位日本朋友，原本與家人並不是很親密，當日本福島大海嘯發生時家人分散兩地，在電訊被隔絕的幾天裡，連手機都無法連絡，經過了生離死別的恐懼。等到終於取得連繫，便想盡一切辦法緊緊守在一起，過去的不愉快已不重要。他說，全家人能在一起就好。

日前在新聞看到「燕子」颱風肆虐關西地區，以及北海道大地震的慘重災情，深刻感覺到，活著，有自己的家，與家人再一起，原來這些都不是理所當然。其實沒有災難，就是幸福。

我們總以為，昨天好好的，今天好好的，明天也一定會繼續如此。今天與家人告別，我們以為下回一定可以再見到面，誰曉得意外就這麼發生。一位朋友的弟弟發生車禍，幸運地當時沒有大礙，便以為過了一關，誰知隔沒多久，又罹患流感，隔天病況急轉，人還年輕便走了。

這樣的故事其實不斷上演。我可不想等到盡頭，或發生了一些事故之後，回想起來才發現，「以前我多麼幸福，只不過當時我不明白」。

人每每要到失去了，才懂得珍惜，學會感恩。大病一場，才了解健康的可貴；生離死別，親情更加緊密；生死關頭之際，才開始熱愛生命。

各位可以想像，只要一分鐘就好：你的小孩走失了，幾個小時後後，終於找到了；你的家人出了車禍，你急著趕到醫院，還好只是擦傷；你胸上發現腫瘤，經過多項檢查，幸好不是惡性的；於是你心中充滿感恩欣喜。

為什麼以前不覺得？因為「人在福中不知福」。

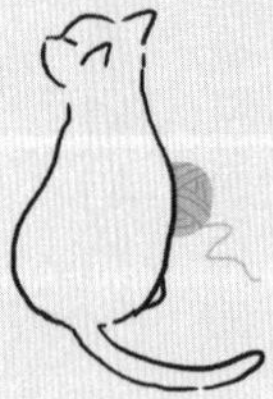

人生沒有如果，生命無法重來

生活中，我們常聽見這樣的感嘆：「如果那時，我可以……」、「如果當初我沒有……」或困在悔恨和不甘心裡：「如果可以回到從前，我就……」、「如果再給我一次機會……」然而，人生沒有如果，每天都是現場直播，當然不可能重來。

你會自怨自艾、追悔過往，是因為你認為當初你可以做得更好。但如果你當初可以的話，你早就這麼做了。沒錯，就算可以重來，你還是會做相同的決定，因為你還是當時的你，那時的你還沒有經歷現在的一切，對嗎？

再假設，如果人生可以重來，是否就不會遺憾？未必，因為你選擇了一條路，就永遠無法確定選另一條路的結果。人只有在回頭看時，才知道。

你可以回頭想，但是你永遠只是現在的你

有一家知名雜誌刊登了一則啟示，表示將舉行有獎徵文，主題是：「如果人生可以重來，我想做什麼？」

消息發佈後，雜誌社陸陸續續收到了大量的投稿。

一個企業老闆說：「如果人生可以重來，我只要開一間小雜貨店就好，這樣我就會有更多時間陪伴家人。」

一個家庭主婦說：「如果人生可以重來，我一定要讀完大學，不會把所有的時間都花在家庭上。」

一個上班族說：「如果人生可以重來，我一定要完成我的夢想，成為一個作家。」

這些投稿被刊登在雜誌上的時候，雜誌社也一併公布了這項徵文真正的目的——其實，這並不是一般的徵稿，而是一群心理學家進行的實驗，目的是為了了解人們的「真實人生」和「理想人生」之間，究竟有多大的差距。

最後，心理學家分析所有來稿，做出了三個結論：

第一、人們對「真實人生」的普遍滿意度不高，對「理想人生」則加入了太多幻想。

第二、這些所謂的「理想」，其實多半是有可能被實現的，只是真正願意放棄現況，勇於追逐夢想的人少之又少。

第三個結論，同時也是最重要的結論——人之所以不快樂，在於大家都想「做別人」，而不想「做自己」。

把人生看成是獨一無二的創作，就不可能走錯路

你做的每一個決定都各有利弊，每一個選擇都有得有失。不管是當企業家還是陪家人；要升學還是就業；成家還是立業；離開還是留下；現實生活還是實現夢想。沒有什麼能保證你一定是對的。除非你走到最後，否則你無法知道。生命的可貴也在這裡，我們不知道未來將會發生什麼，但依然樂觀地勇往直前。一個害怕犯錯的人生，像是不曾活過的生命，那就算沒犯錯，也錯過了人生。

有位朋友，他原本擔任行銷企劃，因為羨慕詩人、畫家那種自在的生活，毅然辭職，從事藝術工作，靠售賣個人的創作勉強為生。

有次我問他：「你會擔心生計？」，他說：「會呀，當然會，但這是我的選擇，為了自由和理想，我願意付出這個代價。」

人生道路不一樣，景色當然不同。有時候你之所以羨慕別人，是因為別人活出了你夢想人生中的某一幅畫面，所以你羨慕。但你並不知道，對方可能有很多煩惱，或許有難以啟口的秘密。你也不知道，別人付出了什麼代價，別人的人生是否適合自己。

只要了解，別人是別人，我是我。珍惜自己擁有的，去發現屬於自己的幸福。只要把人生看成是自己獨一無二的創作，也就沒有所謂的走錯路。

想像你到一個水果攤，如果選擇香蕉，你會嚐到香甜的滋味；如果你選擇檸檬，嚐起來很酸，但它可以美容消脂。如果你受不了檸檬的酸，當然會後悔，你會想：「如果可以重來，我會選別的水果」。但如果讓你重新選擇，你就會滿意嗎？未必，如果你選擇了香蕉，也可能因吃多了發胖而後悔。

人生永遠都是事後才知道，錯了才有所體會，這就是領悟。

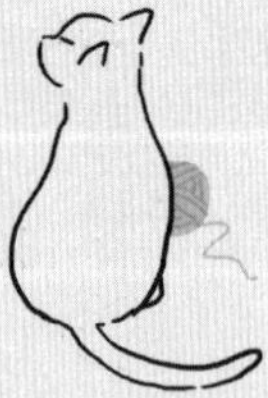

唯有從體驗中來的，才真正屬於你

好幾年前，有個小朋友想離職，他跟我說：「自己還年輕，想去外面闖闖看。」，我心想也是，要是沒經歷過怎麼知道。幾年過去了，再見面時，他對我說：「您當年說得沒錯，真不容易！」，我心想他長大了。這就是人生經驗、成長的軌跡。大家不都是這麼過來的。

這天晚上我像個學生，聽他回顧這些年創業的經歷。聽著聽著，忽然覺得，體驗是永遠無法替代的。就像我讀過很多書，聽過很多故事，還是無法完全了解那些人的心路歷程。「聽說的」終究就是「聽說的」

——你聽說這鍋湯很燙，可是沒辦法知道有多燙。只有等到你被燙過，你才能體驗到，原來這就是燙的感覺。

沒有經歷過的，永遠都只是我們的想像

想起一則故事：

一位仰慕大師的年輕人，打算終身追隨，不過在此之前，想先從大師那兒獲得一些保證。

「你能指導我追求人生目標嗎？」年輕人渴望地問道。

「我不能！」

「那大師應該可以讓我明白人生的意義吧？」年輕人繼續問道。

「我不能！」

「那至少應該能為我指出生與死的奧秘吧？」年輕人不放棄最後的一絲希望。

「我還是不能！」大師輕鬆地說。

年輕人輕蔑地走了，其他弟子在聽到大師的話也沮喪萬分。

這時，大師平靜地說：「如果自己從未親自體驗生活，那何以了解人生本質及意義？我寧願你們先把這盒布丁吃下去後，再來討論箇中滋味。」

看過布丁，聽過布丁，跟吃過布丁是兩碼事。沒有經歷過的，永遠都只是我們的想像。

因此，當面對生命中的困難選擇時，我總會自勉，「就去體驗吧！就去嘗試吧！」並以此鼓勵學生。透過經驗讓「知識」轉換成「知道的事」；從聽別人的故事，換成走出自己獨一無二的故事。

人生，是來這裡體驗生活，體驗獨特生命歷程的

人生唯一而且最重要的一件事，就是體驗生活與生命本身。這不是口號，而是必需即知即行，因為很多人已經忘了來世上的目的是要做什麼。

有人說，我的人生目的就是成功發達，環遊世界。我現在努力就是為了這個目的。那麼，沒達到呢？如果周遊世界不順利？沒飛黃騰達？人生是不是白活了？

還有人說，不求大富大貴，只盼一生平平安安。但這樣的人生有意思嗎？流水帳的日子，你不會記得最近和前陣子做了什麼；就算記得，也不值得一提。一直過著安穩平順，長期下來，心靈深處就會枯竭，只剩下頭腦裡的慣性模式在運作，日復一日像機器人般就失去生命力。

當一個人該有的都有，該得到都得到了，就開始覺得人生沒意義。你如果想賺更多錢，等你賺到錢以後，也會覺得沒意義。然後就會尋求下一個目標。所以那些很有錢的人，還是會想更多的錢。

但更有錢為什麼沒有更快樂？因為把金錢和時間都花在物質上，卻忘了好好地體驗人生，忘了來世上的目的。

無可取代的經驗，造就獨一無二的你

人生最大的快樂源自於我們所「經歷過」的事，無論是旅行的過程、品嘗不同文化美食，或享受苦盡甘來的果實。

人生最珍貴、最感動的總是與當時在一起瘋狂，一起拚命，一起笑鬧的朋友、家人在一起的往事。

人生最深刻的，都是曾經努力過，流過汗，流過淚，付出過心血的事物，投入的每一步都是努力活著的證據。

演說家夏畢洛在《今天！就過你想要的生活》書中這麼建議，不妨把生活看成是沒有規劃和難以預測的旅行，任由內心的羅盤引領，學習跟著激情走，走向景色優美、蜿蜒曲折的鄉間小路，即使繞了個錯誤的大彎，也不要懊惱。他說：「走進彎路並沒有什麼不好。看起來好像錯誤的每一次轉彎，其實是學習和嘗試新經驗的好機會。」

是的，每一道彎路都是一次新的體驗，每一個錯誤都是一次新的發現，即使再難過的關，最終都只是一段回憶，會留下來的只是記憶，如此而已。

盡心盡力活出生命的精采，全心全意地感受生命的點點滴滴。不管好的、壞的，愉快的、痛苦的，欣然接受生命所有歷程。得到也好，失去也好。快樂也好，悲傷也好。相聚也好，離別也好。正因為這些無可取代的經驗，造就獨一無二的你。那麼當你回顧過往，才能對自己交代：我不虛此生！

我們常看TED Talk上講述故事的人，也都愛看電影、傳記小説，透過這樣去體驗別人的人生。那麼，為什麼不去豐富自己的人生？讓自己成為一個有故事的人？給三個建議：

一用心體會生活，培養敏鋭的觀察力，感受到生活的樂趣，讓自己內在充滿故事。

二完成一項壯舉，實踐一個夢想，克服種種挑戰，堅持一生志業。讓別人提到你時，會附帶説上一個故事。

三尋找自己獨一無二的地方，發現自己的亮點，走出自己路，成為一個有故事的人。

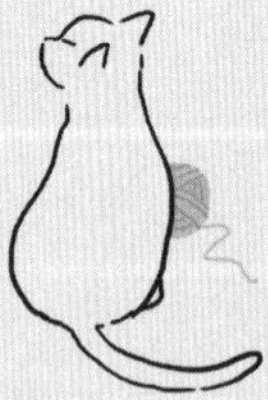

正面看待改變，就會發現不一樣的人生

人為什麼要改變？又為什麼害怕改變？

改變是為了看見不一樣的自己，發現不一樣的人生。然而對於未知，總是讓人擔心害怕：好比渴望轉職，卻又擔心收入不穩定；想脫離一段不健康的感情，卻又怕孤單一人。改變代表你要放棄現有熟悉的東西，改變帶來不確定性，只好維持現狀。

幾乎所有的改變都有風險，即使是好的改變亦然。比方決定要結婚，卻害怕愛無法長久，怕找錯了對象怎麼辦？獲得更好的機會，晉升更高的職位，又怕壓力太大，怕萬一無法勝任怎麼辦？改變就可能失敗，就必須承擔後果，必須自己負責任，因而躊躇不前。

所以問題不在改變本身，而是我們如何看待改變——你看到可能會失去的，還是希望得到更好的？你是否希望未來變更好，就算有一些風險，還是願意承擔困難和挑戰？

人無法用相同的自己，得到不同的未來

一位生活不如意的年輕人，決定找心理醫生諮詢，幫助自己改變目前的狀況。他來到一間位於巷子裡的診所，走進了預約好的心理醫生的候診室，發覺裡面佈置得很雅緻，但卻沒有人。醫生事前已了解年輕人的問題，所以設計了這次的治療。請年輕人到診所後，按指示做便是。

候診室裡有兩扇門，一扇門上寫著「男人」，另一扇寫著「女人」，他便走進那扇寫著「男人」的門。進去後，又發現裡面也有兩扇門。一扇寫著「樂觀」，另一扇寫著「保守」。年輕人知道自己是屬於比較保守，不太願意變化的人；於是便進入「保守」的這道門。又一次，他發現了自己又來到一間有兩扇門的房間。其中，一扇門上寫著「冒險改變」；另一扇門上寫著「保留舊習」。年輕人了解自己是個不願冒險，也難以放棄熟悉及習慣的人。所以，他不假思索地推開「保留舊習」的一扇門。通過那扇門後，他發現——他又回到了原來的巷子裡。就這樣，連醫生也沒見過面……不過，他回想所經過的門後，已明白要如何去做才可幫助自己去改變目前不如意的狀況了。

有句話說得好：「人無法用相同的自己，得到不同的未來。」

你怎麼可能想改變人生，又不去改變？

怎麼可能用同一種方法，做同樣的事，過同樣的生活，卻希望人生完全改觀？

不要只看到可能會失去的，卻忽略可能會得到的

改變的第一步：先改變心態。抗拒怕改變的人通常認為：改變是辛苦的、很難熬，有風險和不安全感，擔心越變越糟。正面看待改變的人則完全不同。他們認為：改變是好事，會帶來成長，每個改變一定會帶來某些正面的東西。只要改變觀點，就能徹底翻轉我們的心態。

我建議大家可以用「探索」取代「改變」。因為改變，會讓人覺得關乎「成敗」，而感到恐懼、不安、焦慮，如果把嘗試未知看成探索呢？探索沒有成敗問題，在面對不確定內心就能坦然自在。想想，「如

果你不畏懼失敗，何必害怕改變呢？」，當你抱持著好奇心看待改變，心態必定輕鬆不少，也更加開闊視野。

勇於改變，放手去做吧！我常鼓勵年輕人勇於嘗試，勇於挑戰。當我這麼說，就有人問：「我怕萬一失敗，該怎麼辦？」、「確定可行嗎？」

「不，」我回答：「我不能保證，任何嘗試和改變都是不可預期。」

「既然如此，為什麼要冒這個險？」

這是個好問題。「為了讓你成為一個更好的人！」我說：「你甘冒這個風險，是為了追尋自己內心深處的願望，是為了活出自己。」

不要只看到可能會失去的，卻忽略了可能會得到更好的。成功的人在人生路上遇見的問題和我們並沒有什麼不同，不同的是他們敢於做出不同的選擇，走出不一樣的路，才造就了今天。

你喜歡自己現在的生活嗎？如果答案是否定，為什麼不去改變？

你想改變，心中擔心害怕時，問自己以下幾個問題：

一、你擔心害怕是什麼？

如果我們進一步探究，你會發現，你會恐懼與焦慮，就是因為注意力沒有放在當下，反而都在想像未來可能最糟的情況。注意力放在當下，就會減少對未來的恐懼。

二、它發生的機率有多高？可能發生的最壞結果是什麼？

你害怕的事會發生的機率，遠低於你的想像，而且情況也不可能壞到那樣，你只要釐清問題，並把後果考慮一遍，往往就能夠降低問題所帶來的壓力與恐懼。就算事情真的發生，你已有所準備，剩下來的也就沒什麼好怕的了。

三、這些改變能帶來什麼好處？

這些改變能帶給你更好的生活和未來嗎？這些改變能讓你更加開心和快樂嗎？如果以上皆是，改變能帶來好處明顯大於風險，那就值得你去嘗試，不是嗎？

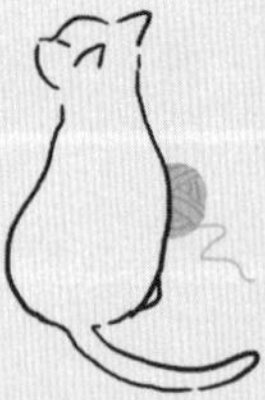

Part 5

生命的本質

不做判斷，也不要抗拒。
因為你不知事情為何發生，也不知它會帶來什麼結果。
信任上天的安排，相信一切都在成就你的生命。
相信每件事會在最好的時候，以最好的方式來到。

無常即平常，接受自然的本質

蘇東坡說得好：「人有悲歡離合，月有陰晴圓缺，此事古難全。」生命的真相就是不圓滿，不盡人意，因為世事無常，生命裡的各種變化不會停歇，氣候會變化，情人會變心，事情會變卦，沒有什麼是不變的。當風靜止時，樹葉仍會掉落。無論我們多麼努力想控制生命，在變化、失去及生死存亡等難以撼動的現實，我們終究無能為力。

接受現實。什麼是現實？現實是指一件事情的自然本質。天有不測風雲，人有旦夕禍福；花開花謝終有時，緣起緣滅如流水。這些都是自然常態，不管你接受與否都不可能改變，抗拒只會帶來煩惱，產生痛苦。

其實，無常本身並不會帶來悲苦，悲苦是我們自己造成的，心裡愈不能接受，感受到的苦就會愈嚴重。

其實，無常也沒有什麼好壞之分。從有到無雖無常，但從不好變成好也是無常；昨日的璀璨亮麗，不代表明日閃亮依舊；今日雷雨交加，也許明日豔陽高照。好的會過去，不好的一樣也會過去。我們之所以轉悲為喜、破涕為笑，不也是一種無常？

有那些不好的遭遇，你才會知道什麼叫美好

無常代表有無限可能。因為無常，危機埋藏著轉機；因為無常，人生充滿各種可能和希望；因為無常，我們更把握當下，珍惜彼此，把生

命過得精彩。

每個人的生命都充滿高低潮，沒有人可以永遠一帆風順，也沒有人會悲慘一世。苦與樂、得與失、好與壞、順與逆、分與合，事情總是一體兩面。乍看之下，你或許會覺得這只是老生常談，但當你仔細探究後，會驚奇的發現其中蘊藏的偉大智慧。

有山峰就會有山谷，有高度就會有深度。喜樂如果是高度，那麼苦痛就是它的深度。沒有歷經苦難也就沒有苦盡甘來的喜樂。如果你兩者都經歷過的話，你就會知道悲苦存在是為了讓你感受到喜悅，黑夜的存在是為了讓你感受到全新的白天。

心理學家榮格這麼寫著：「有多少個白天，就有多少個黑夜，一年之中，黑夜與白天所佔的時間一樣長。沒有黑暗就顯不出歡樂時刻的光明；失去了悲傷，快樂也就無由存在了。」

生活有酸有甜，才有體會；心情有悲有喜，才會精彩；生命有苦有樂，才是人生。我們應該心存感恩，不光只對喜樂的事，對苦難也是一樣，因為有那些悲苦，你才能成長成熟；有那些不好的遭遇，你才會知道什麼叫美好。正是藉由感受到悲傷，你才知道快樂的感覺有多美好。沒有了它們，生命也空白了。

作家王爾德如此說，「有悲哀的地方，才會有幸福。世人大多無法了解這句話的意思。然而，除非你徹底去體會這層意義，否則一生將過得不明不白。」

以平常看待無常，心就會平靜下來

事實既然這樣，它就是這樣。

如果愛消失了，它就消失了！如果失敗，它就是失敗！如果遇到麻煩，就是遇到麻煩！就照它本然的樣子接受，否則能怎麼樣？

你不需要煩惱結果如何，只需要有接受的意願。上天會安排這個「如何」的發展。當你不再對抗，遲早事情將會自己安定下來，你不需要去安頓它們，你只要安頓你自己。

一個智慧的人，看清萬事萬物無常的本質，就會隨遇而安。當陽光燦爛，去享受，但是不執著；到了夕陽西下，夜幕低沉，也以開放的心來面對。因為無常，便知道苦不會是永遠的苦，樂也不會是永遠的樂，都只是暫時的現象。幸福會來，不幸也會來，看見花開花落，或許感傷，但我們知道不久花兒一樣會開會落。

以平常看待無常，心就會平靜下來。

接受，簡單說就是順其自然，活在當下。

當你抗拒自己所體驗的任何事情的時候，你都是在抗拒當下。當你抗拒當下的時候，你就是在抗拒自己的生命。當你在抗拒自己的生命，你就不可能活出自己，活得精彩。

接受當下並不代表你放棄努力或繼續陷在困局，恰恰相反，如果你接受生活中所有高低潮，內心反而平靜開闊。當你全然接受了，才能在不帶抗拒的負面情緒下，專注解決當下最重要的事。

不要煩惱自己無法掌控的事

這世上很多事情是我們無法掌控的。你可以投資股票、期貨，但無法保證獲利。你可以推銷絕佳的產品，但無法要求別人購買。你可以在工作上負責盡職，但無法保證加薪晉升。你可以早起在寒風中受凍，但不能保證看得到日出。你可以辦一場精彩的派對，但無法控制來賓是否玩得盡興。你可以給孩子最好的學習環境，但無法保證孩子學業優異。你可以責罵、懇求，甚至威脅，但無法逼迫別人改變行為。

不要煩惱自己無法掌控的事。理由很簡單：如果事情不能改變，煩惱又有何用？如果事情可以改變，又何需煩惱呢？

記住，不管你如何生氣、不高興，都不能改變結果。消耗在自己無法控制的事情的每一分精力，都在白白浪費掉。

當你為了不能掌控的事情而煩惱時，就是在折磨自己

我們必須清楚分辨能掌控與無法掌控之事的差別。比方說，當我們碰到下雨時，絕對不會去想掌控，大家只能認命的接受。但是，同樣是被淋濕，如果是有人潑水把你淋濕，你就會翻臉生氣。

差別在哪裡呢？下雨是無法控制。但若是人為的話，因為你認為「他可以選擇不那麼做的」，所以怒火中燒。

但是，別人的行為是我們能掌控的嗎？

我認識一位先生個性很急，每次跟太太一起出門，等得不耐煩就發火，而面對一再被催促的太太也很氣。他們從結婚以來都這樣。為什麼一直這樣？因為他們想控制自己「無法控制」的事，這就是他們一再生氣的原因。

佛家有云：當你為了不能掌控的事情而煩惱時，就是在折磨自己。那什麼是我們能掌控的？我們能控制自己對事情的反應。

你可能無法改變伴侶的毛病、制止猴急的個性、改變別人遲到或拖拖拉拉的壞習慣。但你的回應完全是你可以控制的。

你無法控制對方高不高興，他們會不會生氣，他們對你有什麼看法，這些都不是你能決定的。但是，你可以決定自己的態度，決定不讓別人影響你的心情。

這個道理也適用在生活上。網路速度變慢，環境噪音，交通阻塞、或忘了帶雨衣出門遇上下雨時，你仍可以選擇你的反應方式。

改變能改變的，接受無法掌控的

多數人的問題就在：想改變無法改變的事，卻忽視了自己可以改變的。說一則故事：

有個男子，跟著一名高僧一起出遊。正當兩人走在一條蜿蜒且看不見終點的山徑上，天空突然下起大雨。

男子遮著頭，慌慌張張地奔跑起來，跑了一段路才發現，高僧還慢條斯理地在後頭踱步。男子連忙回頭，說：「師父，下大雨了，您怎麼還在慢慢走呢？」

「跑得再快有什麼用？前面不是也在下雨嗎？」高僧說：「忍一

忍，也就過了。」

男子覺得高僧說的很有道理，更覺得他這番話頗有禪意，便牢牢記在心裡。

兩人繼續前行，幾天之後來到一座城鎮。走在走著，天空猛然地降下大雨。男子正想要跑，想起上回高僧的開示，便放慢了腳步，在雨中緩緩地前進。

不料，突然一個身影從他身邊衝過，倉皇地往前跑去，差點把他撞倒！男子定睛一看，那人影不是別人，正是那個高僧。

高僧露出理所當然表情，指指頭頂：「山上沒有屋簷躲雨，跑了也沒用；這裡有屋簷可以躲雨，不跑的才是傻瓜了！」

你不能改變已經發生的事。但是，你可以專注在你能改變的事情上。這即是我想傳達的：改變能改變的，接受無法掌控的。

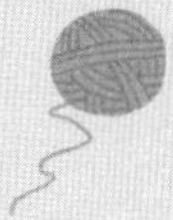

當你在生氣時，氣的到底是什麼？是不是別人不順你的心，事情不合你的意，你無法掌控某人或某事，所以情緒失控？

當你不快樂時，為什麼不開心？是不是你認為事情應該這樣，你堅持事情不應該那樣，而當事與願違，你就失望、生氣、挫折、沮喪，對嗎？

你曾經試過對著一群狂吠的狗大聲喊叫，讓他們安靜下來嗎？當你一定要牠們安靜的時候，反而會讓牠們更吵鬧。同樣，凡事我們想要掌控的，反過來都掌控我們。

其實，我們最該學會控制的是，我們的控制欲。

人生不公平，但生活是公平的

人生本來就不公平。打從我們一出生的那一天起就不公平了：有些人出生在富裕的歐美國家，有人出生在戰亂的中東地區；有些人的父母很慈祥，有人的父母很糟糕；有人家庭優渥，有些人家境貧困；有些人美麗可愛；有人其貌不揚；有的人天生聰慧，有的人卻資質魯鈍……。不公平的現象隨時都有，壞事發生在好人的身上，好事發生在不配的人身上；騙人錢的逍遙法外，而被騙的人為了偷取一頓溫飽而鋃鐺入獄。

我聽過很多不幸故事，但我不打算說給你聽。自怨自憐沒有用，只會讓自己愈來愈負面而已。一昧怪罪某人某事搞砸你的人生，然後繼續把人生搞砸，實在不足取。

有些人確實很不幸，但不管你覺得自己多不幸，我敢保證一定有人比你還要慘。不是我沒同情心，而是事實就是如此。從自己角度看，問題可以變得很嚴重，但如果我們將自己問題放諸四海，便能發現，世上的每一個人都與我們歷經相同的事，你既不是唯一也不是最初或最後。

不公平，是一份禮物，只是包裝不怎麼好

我一直很欣賞一句話，「不公平並非生命的本身，而是我們看它的角度。」

想想看，我們如何解釋生長在貧民窟，由單親撫養長大的雙胞胎

——一個留在貧民窟成為典型的平民，一個卻成為全國青年的領袖？而我們又該如何解釋，生長在高級社區，有受過高等教育的雙親撫養長大的兩個小孩——一個可以變成法官，一個卻因販毒入獄？

同一波浪會公平地將所有船隻，推向同樣的高度。如何面對不公平，完全操之在自己。我們來到人世是因為被生下來；但我們成為的是我們讓自己變成的樣子。

以電影「美麗人生」獲得奧斯卡最佳男主角的羅貝多．貝里尼，在上台領獎致詞時說，「我感謝我的父母，他們給我最好的禮物是貧窮。」

聾啞的教育家海倫．凱勒也說：「我感謝上帝，為了我的殘缺，為了克服殘缺，我找到自己，以及我要做什麼。」

有時候，不公平的事，反而讓我們從受害者，變成受益者。當你能帶著這種心態來看，就發現多點負擔，可以多點能力；多點不順心，可以多點耐心；多一點磨練，可以激發更多的潛能，激發出更好的自己。

詩人泰戈爾的說得好：「你今天受的苦，吃的虧，擔的責，扛的罪，忍的痛，到最後都會變成光，照亮你的路。」不公平，其實是一份禮物，只是包裝不怎麼好。

有多大的太陽，就有多大的陰影

常聽人說，坐大位、賺大錢，擁有美貌的人，都是上輩子積德的有福之人；但這何嘗不是上天給人的考驗？去看看社會上，不就有許多家財萬貫，卻破產，抑鬱而終？還有因美貌惹來禍端？子孫後代為錢爭破頭？

有一個企業家，在年近七旬時遁入空門曾感慨說：「這輩子所結交的達官顯貴不知凡幾，他們的外表實在都令人豔羨，但深究其裡，每個人都有一本很難唸的經，甚至苦不堪言。」

再如，絕代佳人伊莉莎白泰勒縱橫好萊塢六十年，尤其以一雙漂亮的紫羅蘭眼睛聞名於世。我聽說，她生前因為年華老去、美貌不再，變得極度不快樂，足不出戶。一開始，她的外貌的確帶給她極大快樂，之後卻也帶給她極大的痛苦。

今天的歡喜，轉眼成明日的悲傷。快樂隨美貌增加，但太過美麗，紅顏薄命；快樂隨名聲增加，但人紅是非多；快樂隨金錢增加，但錢太多疑心也多；事業愈大，也失去了更多的時間和自由。到頭來看，人生其實是公平的。

在某公司有個先生覺得不公平，同事能力不如他，卻佔有好的職位，故而屢次在老闆的面前進讒言，使老闆對同事很不諒解，不久就把他調到其他單位，然後遺缺由他遞補。

因為他的遷調不是憑本事得來的，為了保住自己的職位，除了平時的工作外，還得對上司獻殷勤並做好各種人際關係，所以經常是白天上班、晚上應酬，久而久之，搞得精疲力盡，以致健康的情形也每況愈下了。

而那位同事因異動後的職務比較單純，不須交際應酬，每天有時間鍛鍊身體並照顧好家庭，反而覺得這樣的生活也挺愜意的。

人生不公平，但生活是公平的。試試看吧！只要心態對了，人生就順遂。

泰戈爾說過：「我們看錯的世界，卻說世界欺騙了我們。」人們總是說世界不公平，只是這世界不是以我們想像和期待的方式運行。

太陽不分監獄、教堂，一律綻放光芒；雨水不分雜草、花朵，一樣灑落大地。陽光照到每個家庭，光線不會只照進你家，不照隔壁家；暴風雨也不會只降臨壞人身上，而避開好人；然而站在我們的立場，卻認為陽光不該撫照壞人，暴風雨不該降臨到我們身上，這便覺得不公平。

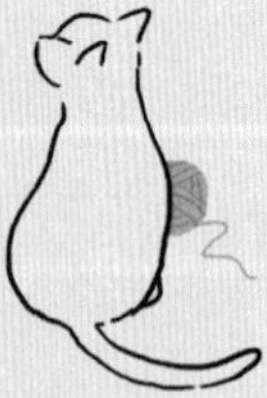

努力可以努力的，結果就交給上天安排

有時，無論你怎麼努力想要得到某樣東西，或處心積慮想達到某個目標，卻事與願違，白忙一場；但無意中做了某件事情反而有了超乎預期的好結果。

有人想當明星，卻苦求不成；有人只是陪朋友一起試鏡就被錄用；有人不想生小孩，偏偏懷孕了；有些人很想生小孩卻偏偏生不出來；用心栽的花朵不開，而不知道從那兒飛來的菜瓜種子，入了土長了起來還結了瓜。人生中很多事情是無法掌控，有太多事是你不明白的，有太多狀況是在你能力之外的，所以，努力可以努力的，結果就交給上天去安排。

生於阿姆斯特丹的猶太哲學家史賓諾沙有句名言：「每件事的發生都有其必要性。」這句話我深得個中三昧。

行至今日回首人生，我挨過年輕時的慘澹歲月，經歷過一無所有的打擊，面對生命各種重大挑戰與生活中的挫折，我所憑藉的是一份信念，那就是我深信每件事的背後必有其意義，即使我一時還看不出來。

一切發生的事之所以會發生，都有某些深刻的因由

大部分人或多或少都曾有過類似的心境或遭遇：突然生活發生的變化，在本來計劃好的人生中，出現的預期外的事件，可能是自己內心想

要改變所致，也可能是發生某件事而被迫不得不改變。不管是什麼原因，總之，人生面臨重要的轉捩點。

在當時或許難以接受的，但在過後某一時刻會突然覺得，這一切都是最好的安排。在當下感到挫敗沮喪的，等到有一天再回頭來看，埋怨可能轉變為慶幸。所以，不要自怨自艾，不要只看在一時，把眼光放遠。

沒有人想要經歷災難，然而不變的事實卻是：人需要重大的挑戰才會改變。沒有人希望受到考驗，但只有當你沒學會時，才會受到考驗。如果你都會了，怎會受考驗？

也許你太自我，災禍教你學會慈悲。

也許你太自大，失敗讓你學會謙卑。

也許你太執著，失去幫你學會放下。

也許你生活太複雜，生病讓你回歸自己和家庭。

也許你不懂得欣賞自己，沒學會愛自己，才會遇不到對的人。

有的問題為什麼一再找上你，因為你一直沒學會。有時候，人生中的各種事情似乎變得更糟。你的關係、財務、或健康每況愈下，那是因為你一直沒變。

我很喜歡一句話：「如果你向上天尋求幫助，說明你相信上天的能力；如果上天不幫你，這意味著祂也相信你的能力。」，在上天改變你之前，祂不會改變你身邊的人事物。

你無法得到的，很可能是你想要的，未必對你最好；你丟失的，很可能是為了珍愛之物的來臨騰出位置；錯過了那個人，錯過了那件事，別耿耿於懷。如果一輛公車沒停在你的站牌前，或許那不是你該搭上的車。

不管是感情還是事情，莫強求，莫強留，該來的會來，要走的會走。是你的，就算失去了，也會以另一種方式回來；不是你的，即使得到也不會長久。

當事情進展不順利，發生了某個錯誤，也別喪氣，結果可能是一個美好的結局，大大出乎意料之外。你沒有走錯路，有許多次路徑往下走，只是為了爬上另外一座山，你必須先經過山谷，然後才能抵達更高的山峰。

當你被卡在車陣中，或是錯過班車，別抱怨。你怎麼知道這不是上天要你停留之處？你怎麼知道上天要保護你遠離一場災禍？

請相信每件事會在最好的時候，以最好的方式來到

信心，就是放心的意思。信任上蒼的安排，相信生活中所呈現的一切，都在成就你的生命。也許你正等待天賜良緣，也許你正等待升遷，也許你正等待病況好轉，或者你正等待夢想實現。如果你已盡力做到你所能做的、該做的努力了。最後，把心放下，將結果交給老天。

放下的意思是：放下掌控一切的意念。我們不再介入、控制，或是不停的用頭腦想「應該」要怎麼樣才對。這就是「臣服」。這種深深感受到信任的感覺，可幫助我們克服生命中任何障礙，帶給我們勇氣與信心並感受到一份平安。

著名詩人卡比爾的詩：

等待適當的時刻，哦，我的心，

謝謝事情的發生，都有自己的時機。

園丁可能給蘭花澆水過量，

但是樹木仍按照時令結果。

請相信每件事會在最好的時候，以最好的方式來到。在這之前，你

只要靜心等待。

我為什麼要相信上天？這是好問題。

十七世紀的教宗烏爾班八世說過一段話，很值得再三咀嚼：「信總比不信好。如果你相信，而且你相信的被證明為真，那麼，你將會被自己的信覺得快樂；假如你相信，而你相信的被證明為假，但因你相信它為真，你仍將得到它如同真的祝福。」

很多人有信仰，但真正信任的人卻很少。什麼是信任？在順境中哪有信任的問題，當然是遇到考驗時才有信任與否的問題。事實上，信任上天就是對生命信任，如果它帶你進入黑暗，你就進入黑暗；如果它帶你走出黑暗，你就走出黑暗；不管生命把你帶向哪裡，你都全然地接受。你都去相信「一切安排都是好的」，那就是信任的意思。

不要評斷，因為我們不曉得

「遇到這種事，真的很糟糕。」這句話其實是由兩個部分組成的。第一個「遇到這種事」是客觀的，第二個「真的很糟糕」則是主觀的。「糟糕」，是我們貼上去的標籤。我們看到的並不是「真相」，而是「個人好惡」，是腦袋自己想出來的。這會有什麼問題？

當我們開始對經驗貼標，當我們把一件事件判定為好的或壞的，幸運的或糟糕的，這就馬上陷入好惡的交戰，也就是「我喜歡，因此我要得到它；我不喜歡，因此我要擺脫它。」，心就不可能平靜自在。

早在古希臘時期斯多噶學派哲學家艾皮柯蒂塔即說：「人們的困擾不是來自事情的本身，而是來自他們對事情的看法。」

各種經驗在本質上都是中立的，它並沒有好壞之分。就像晚上和白天既不是好，也不是壞，但如果我們決定只要白天，討厭晚上，那麼晚上就會變成是厭惡的。錯誤的假設，只會讓悲慘雪上加霜。

不要為任何事貼上「好」或「壞」的標籤

好與壞，誰知道？大多數人會說，結婚是好事，離婚是壞事，但是幾年後再問問他們，可能會得到完全不同的答案。

生病是好事還是壞事？你可能會說：「當然是壞事」。但我聽過許多有些重病的人說，他們自從有了病痛之後，開始放慢步調，懂得放下，展開新生活，反而活得更深刻，與家人感情更緊密。

得與失，誰又分得清是福是禍？以塞翁失馬的例子，禍兮福之所倚，福兮禍之所伏。此刻，可能某件事讓你覺得很幸運，但是五年之後，或許你會希望它從未發生過。相對地，此時某件事可能讓你覺得是個悲慘的災難。但最後或許你會發現，這個事件竟然成就你的未來，豐富了你的人生。

我曾看過一項調查，問受訪者：「回想一下，那些你得到最多收穫的改變是什麼？你因此得到什麼正面的事？」得到的回答通常是：

「我被開除，失業好一陣子，但我最大的收穫是找到現在這份我喜歡的工作。」

「我被調派到陌生的城市，不僅發現自己獨立的一面，還認識了伴侶。」

「我投資失利，最大的收穫是學會如何理財，還有如何過簡約生活。」

「我被一個心儀的對象甩了，但我沒多久就發現，長久來看，他並不是我想交往的人。」

「我錯失了一筆重要的大生意，但我反而因此了解，這些生意的夥伴可能不是我能信任或合作愉快的人。」

你遺失了一個很重要的東西，一個你認為絕不能失去的東西。但在你尋找的過程中，你逐漸發現那個東西並沒有你想的那麼重要，而後來你獲得的，反而是完全意想不到的。人生的某一個關卡，只不過是那一個階段所面臨的考驗罷了。你挫敗失落，這不是故事的結局——它只是一個篇章。

糟糕、倒楣的事，或許是上天的恩賜

「為什麼不好的事情會發生在好人身上？」在失去某樣東西或發生不好的事情時，我們常聽到人們這麼問。重點是，「你真的知道什麼不好的事嗎？」

《放手之書》作者溫格特．潘恩曾經寫到，「我們之所以會認為不好，是因為還不夠成熟到足以理解。」，不要單從表面判斷一個經驗。有時候，看似最壞的事可能轉變成最好的事。糟糕、倒楣的事，或許是「上天的恩賜」，只是你沒有想到而已。

我們常聽到的例子，趕著參加重要會議，眼看就要來不及的時候，車子竟然拋錨。但這個意外可能救了我們一命，讓我們免於在下個十字路口發生致命的車禍。

再如，本來要上飛機，卻因為去機場的途中塞車，或是出門時忘了帶護照……參加這類的意外狀況，結果飛機失事了，沒搭上死亡的班機，本來懊惱不已的事變成上天保佑。

是的，「我們不曉得」。誰能夠認清這點，就會釋懷，而且是馬上。

所謂的「壞事」，都是我們貼上的標籤；是我們選擇了「壞事」這個名詞，把它們視為壞事。當我們內心認定的時候，厭惡和痛苦便產生了。

要保持情緒平穩，首先從「不論斷」開始做起。一開始，你可以利用一些小事，練習「不去貼標籤」。如果你錯過車班、被人誤解，或是生病、塞車、摔跤，你可以試著克制自己不給這些是貼上「討厭」或「糟糕」的標籤嗎？你可以坦然接受當下的現實狀況嗎？

觀察一下，認定某件事是不好的，將讓你陷入情緒緊繃的狀態。一旦順其自然，不再把事情貼上好或壞的標籤，心情是何等的輕鬆自在？

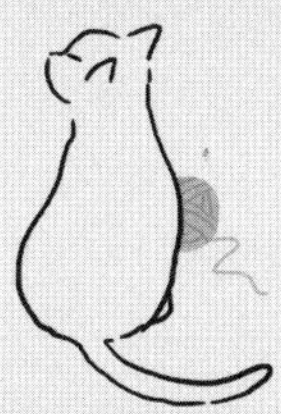

放下期待，就沒有失望與痛苦

莎士比亞在劇本《皆大歡喜》（*As You Like It*）中寫道：「期待是常常落空的，它是最確切的一面。」人對任何事物的發生，很難沒有期待。然而我們的計劃和事情的演變很少完全一致；我們認為自己應得的，也很少是真正會得到的。現實和期待總有落差，大多負面經驗和情緒就是麼來的。

為什麼？原因是當我們去預期一件事，往往想像最理想的狀況。例如：當我們決定去菲律賓的長灘島度假，我們想像自己躺在潔白無瑕的沙灘上，觀賞絕美的落日，騎馬吹著海風，而不會想自己度假時碰到下雨，被困在飯店房間裡無事可做。但這種情形很可能發生，就算旅途再怎麼美好，也不會像先前在心目中那樣。

回想一下。你是否在參加某個宴會，欣賞某部影片，或是去某地遊玩之前，事先預期會是非常棒的經驗？當結果與你的預期有所不同，你的經歷與感受是否也會隨之不同？

正面的預期並不總是帶來正面經驗。太過理想化的結果往往都不怎麼理想。

人之所以不快樂，是因為事情不盡如我們的預期

去看日出，卻沒看到的時候，誰最失望？

生日、情人節沒收到禮物，誰會最難過？

沒錯，期待最高的那個人。如果預期很高，不但難有驚喜，更可能大失所望。這是怎麼造成的？是因為事情發展不如預期。換句話說，我們事先已經想像事情應該如何，而當事情並非如此的時候，問題就來了。

小雅在等待心儀對象的電話時，便見識到自己的預期心理。當那男生沒打電話也沒有隻字片語時，她感到痛苦難熬，因為她的期待落空了。這時她浮現出了一堆負面的念頭：是不是她不討人喜歡，或者她說錯了什麼、做錯了什麼……。她感到失望、懊悔、沮喪。

這也是我想說的重點。有時人之所以不快樂，並非壞事發生了，而是因為事情不盡如我們的預期。例如，你期待受到重視，對方卻對你視若無睹；你期待對方改變，他卻依然故我；你付出很多，期待得到肯定和感謝；哪知他們不聞不問，隻字不提，這時你的憤怒就會升起，對嗎？

你想過嗎？當你以平常心去對待一個人，為什麼生氣？是不是你沒有從那個人身上得到預期的東西？

當你對一個人付出愈多，就怨得愈多，為什麼？是不是因為他們讓你失望、他們辜負了你……如果你對他們沒有任何期待，你還會怨恨他們嗎？

愈是親近的人愈容易激怒，因為在潛意識裡抱持期望「如果他了解我，他一定會懂」、「如果他在乎我，他就會記得」、「愛人就應該……，父母子女就應該……」，當期待有落差，內戰就這樣引爆了。

不要去想那裡多美好，只要去感受當下的美好

你或許會問：難道不該期待任何事情嗎？

不是不該期待，而是要放下對期待的執著。擁有期待並沒有什麼不好。有時候，因為期待使我們獲得更美好事物。但我們必須弄清楚，期待終歸是期待。

不要把期待放在他人身上。沒有任何人存在是為了要滿足你的期待，每一個人來到世上都是為了為自己而活。別人不關心你，你就自己關心自己，不要去依賴。因為有期待就一定受傷害。

其次，面對事情不要先預期結果。如果你在乎事情的結果，求好心切，壓力自然變大。只要想操縱事情的進展，推向所要的結果。很容易錯失過程，也錯過了其他的可能。

降低期待是否會降低快樂？

不會，期望本來就是一廂情願的想法，並不是光有期待就能夠事事順心如意。它反而成了我們享受當下的阻礙。以前面的例子，你到長灘島度假下雨，你可能很鬱悶失落，意興闌珊。然而到底是誰造成？是誰阻礙你無法得到那份度假的感覺？正是因為你的期待。

不要去想那裡多美好，只要去感受當下的美好。你可以去享受目前擁有的——體驗水上活動，如：潛水、浮潛。或去精油按摩，吃異國美食，或到 **D-MALL** 購物區參觀採購。當你學會活在當下，快樂就會自己找上門。

別期待暴風雨止息，而要學會在風雨中快樂地翩翩起舞。

我們期待晴天，不喜歡雨天。我們的不快並非雨天而起，而是因為對藍天的執著而起。我們執著對藍天的偏好，就無法享受雨天的快樂。

我們期待被愛卻帶來痛苦，讓人失望受傷不是愛，而是期待。情關並不難過，難過的是自身的執著。一旦放下，你的心就會平靜下來，你將發現，原來你就是自己期待的受害者。

我們期待事情非常美好，往往阻礙了我們享受當下的美好。學會重視一件事情的過程，而不去計較它的結果。就像一個漁民，只能盡他的能力下網，而不能期待每次下網要撈起多少魚。

放下對結果的期待，就可以一身輕鬆。

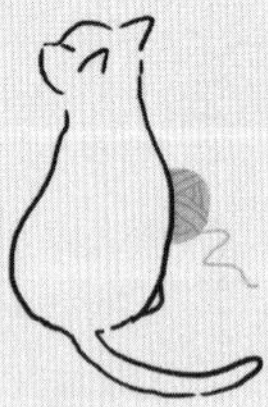

／延伸閱讀／

《人生苦短，把日子過好最重要》

作者：何權峰

當主編告知書名提案時，老實說，對於「把日子過好」這句話，剛開始並沒有特別的感覺，後來靜下來想，才愈來愈有感觸。

我們常擔心煩惱，結果該發生的還是發生；不好過的日子，終究也會過去；我們被困在忙碌之中，忘了奮鬥的理由；走得太遠，卻忘了為什麼要出發；我們期待美好的未來，卻惦記著不愉快的過去，一再錯失了當下；我們以為來日方長什麼都有機會，卻到了為時已晚，才發現自己還有許多話來不及說，很多事來不及做，人生就這麼過了。

有位讀者來信說，十年前她看到我的一篇文章〈人生苦短，明白太晚〉，會心一笑，覺得有道理。沒想到這十年來歷經波折，至親離世，偶然間在網路又看見同一則文章時，心有戚戚焉，不禁流下淚。

我們一生都在等待，等有錢的時候，等有空的時候，等對方改變，等達成目標……日子總是黯淡陰鬱，而我們告訴自己再等等，等孩子再大一點、等退休以後，等我實現夢想……換句話說，我們一直等待理想的人生出現，根本沒有真正投入生活。每天都很賣力的過日子，卻從未真正過好每一天。

投入人工智慧（AI）領域數十年的創新工場董事長李開復，日前在台灣大學畢業典禮演講提到，四年前，他被診斷得了第四期淋巴癌，在接受治療的那段時間，不斷對人生反思，才意識到，終日追逐的事業、名聲，甚至等待了三十年終於到來的AI，對他來說都毫無意義。

他覺悟到，過去自己人生的優先次序完全本末倒置，忽視了最重要的事；如父親已去世，媽媽幾乎認不得他，而孩子不知不覺中都已長大。

一輩子，不過就幾十年，日子過一天少一天，過去的不會重來。我們無法仰賴每一天都「好」日子，唯一能做的是把每個日子「過好」。別想從前，珍惜眼前。不管有錢沒錢，把日子過好，你的子女、父母和家庭才會更好；不管有伴沒伴，自己過好，一個人可以快樂自足，跟人在一起人才能歡喜自在。不管如意不如意，把日子過好了，在混沌裡才能保有心靈澄清，在陰鬱中才能擁有風和日麗般的好心情。

把日子過好，比過好日子重要──因為幸福快樂來自於每天美好的感覺。慧開禪師《無門關》：「春有百花秋有月，夏有涼風冬有雪；若無閒事掛心頭，便是人間好時節。」停下來，重新感受這個世界，用不同的視野欣賞生活，愜意的悠閒漫步，光著腳走在草地，坐在樹下發呆，享受微風輕拂，自在的任心飛翔；或者窩在房裡讀喜歡的書、聽喜歡的音樂，邀請朋友到家裡坐坐，鬆餅、咖啡、午後輕食……邂逅，久違的好日子！

高寶書版集團
gobooks.com.tw

HL 071
把壞日子過成好日子：觀照五種內在本質，找回生活中的滿足感

作　　者　何權峰
主　　編　吳珮旻
內文排版　趙小芳
封面設計　黃馨儀
企　　畫　何嘉雯

發 行 人　朱凱蕾
出　　版　英屬維京群島商高寶國際有限公司台灣分公司
　　　　　Global Group Holdings, Ltd.
地　　址　台北市內湖區洲子街 88 號 3 樓
網　　址　gobooks.com.tw
電　　話　(02) 27992788
電　　郵　readers@gobooks.com.tw（讀者服務部）
　　　　　pr@gobooks.com.tw（公關諮詢部）
傳　　真　出版部 (02) 27990909　行銷部 (02) 27993088
郵政劃撥　19394552
戶　　名　英屬維京群島商高寶國際有限公司台灣分公司
發　　行　英屬維京群島商高寶國際有限公司台灣分公司
初版日期：2019 年 02 月
二版日期：2019 年 05 月

國家圖書館出版品預行編目 (CIP) 資料

把壞日子過成好日子：觀照五種內在本質，找回生活中的滿足感 / 何權峰著 . -- 初版 . -- 臺北市 : 高寶國際出版 : 高寶國際發行 , 2019.02
面；　公分 . -- (生活勵志 ; HL071)

ISBN 978-986-361-641-2(平裝)

1. 人生哲學 2. 生活指導

191.9　　108000796